Terapia Kognitywno-Behawioralna (TCC) Dla początkujących

Uwolnij się od negatywnych schematów i zmień swoje życie.

Autor : Joseph Rabie

Spis treści

Wstęp

Czy jesteś gotowy odkryć potężne podejście, które pozwoli Ci przejąć kontrolę nad swoim umysłem, zmienić niepożądane zachowania i stworzyć satysfakcjonujące życie? Witaj w świecie terapii behawioralnej i kognitywnej.

Ta książka jest specjalnie przeznaczona dla początkujących, którzy chcą zgłębić podstawy terapii behawioralnej i kognitywnej (TCC) i czerpać z niej konkretną korzyść. Bez względu na to, czy borykasz się z lękiem, depresją, zaburzeniami odżywiania, fobiami czy innym emocjonalnym wyzwaniem, ten kompleksowy przewodnik pomoże Ci zrozumieć i zastosować podstawowe zasady TCC, aby zmienić swoje życie.

Terapia behawioralna i kognitywna to powszechnie uznane i skuteczne podejście terapeutyczne, oparte na przekonaniu, że nasze myśli, emocje i zachowania są ze sobą ściśle związane. Poprzez zrozumienie tych związków i wykorzystanie konkretnych technik, możesz zidentyfikować i zmienić negatywne schematy myślowe oraz destrukcyjne zachowania, które Cię ograniczają.

W tej książce przewodniczymy Ci przez podstawy TCC, wyjaśniając w jasny i przystępny sposób fundamentalne zasady tej metody. Dowiesz się, jak rozpoznawać automatyczne schematy myślowe, które napędzają Twoje negatywne emocje, i odkryjesz, jak restrukturyzować je w sposób konstruktywny. Będziesz także badać techniki behawioralne, takie jak ekspozycja i zapobieganie odpowiedzi, które pomogą Ci pokonać lęki i ograniczające zachowania.

Siła tej książki tkwi w jej pragmatyzmie. Dostarczymy Ci praktyczne narzędzia, ćwiczenia i konkretne przykłady, które pomogą Ci w wdrożeniu koncepcji TCC w codziennym życiu. Nauczysz się tworzyć jasne cele terapeutyczne i planować własny program leczenia, dostosowując techniki do konkretnych wyzwań, z którymi się spotykasz.

Ponadto omówimy również konkretne zastosowania TCC w przypadku powszechnych problemów, takich jak lęki, depresja, zaburzenia odżywiania i wiele innych. Dowiecie się, jak ta metoda może być dostosowana do różnych kontekstów i sytuacji, oferując holistyczne podejście do Twojego zdrowia psychicznego.

Czy jesteś całkowitym nowicjuszem w dziedzinie terapii, czy masz już pewne doświadczenie, ta książka dostarczy Ci dogłębnej wiedzy i praktycznych wskazówek, aby rozpocząć podróż ku bardziej wyważonemu i satysfakcjonującemu życiu. Stosując zasady TCC, będziesz w stanie pokonać swoje przeszkody, zmieniać ograniczające schematy myślowe i tworzyć nowe możliwości dla siebie.

Nadszedł czas, aby zająć się swoim zdrowiem psychicznym i emocjonalnym. Przygotuj się, aby odkryć cuda terapii behawioralnej i kognitywnej i uwolnić swój pełny potencjał. Ta książka jest Twoim niezbędnym przewodnikiem, aby rozpocząć podróż ku trwałej transformacji osobistej. Przygotuj się, aby odkryć siłę terapii behawioralnej i kognitywnej i przejąć kontrolę nad swoim życiem już dziś.

Zrozumienie terapii behawioralnej i kognitywnej

1.1 Czym jest terapia behawioralna i kognitywna?

Terapia behawioralna i kognitywna (TCC) to podejście terapeutyczne oparte na zasadzie, że nasze myśli, emocje i zachowania oddziałują na siebie nawzajem i wpływają na nasze zdrowie psychiczne. Jej celem jest identyfikacja i modyfikacja negatywnych schematów myślowych i nieadaptacyjnych zachowań, które przyczyniają się do problemów psychologicznych i emocjonalnych. TCC opiera się na przekonaniu, że nasze myśli automatyczne, czyli myśli, które przychodzą nam do głowy spontanicznie, mogą znacząco wpłynąć na nasz nastrój i zachowanie. Jeśli mamy skłonność do negatywnych lub irracjonalnych myśli, może to prowadzić do negatywnych emocji i niezdrowych zachowań. Dlatego TCC stara się zidentyfikować te myśli automatyczne i zastąpić je bardziej realistycznymi i pozytywnymi myślami. Ponadto TCC skupia się na obserwowalnym zachowaniu. Rozpoznaje, że nasze działania i zachowania mogą przyczyniać się do utrzymania naszych problemów psychologicznych. Dlatego TCC wykorzystuje techniki behawioralne, takie jak stopniowa ekspozycja, zapobieganie odpowiedziom i nauka umiejętności społecznych, aby pomóc jednostkom zmienić swoje problematyczne zachowania.

Trochę historii :

Terapia behawioralna i kognitywna (TCC) została opracowana w latach 60. przez wielu psychologów i psychiatrów. Aaron T. Beck, amerykański psychiatra, jest uważany za jednego z głównych twórców TCC. Początkowo opracował to podejście terapeutyczne w celu leczenia depresji, ale później zostało ono rozszerzone na inne problemy psychologiczne.

Dokładne okoliczności jej powstania mogą różnić się w zależności od źródeł, ale ogólnie rzecz biorąc, TCC narodziła się z chęci znalezienia alternatyw dla dominujących w tamtych czasach podejść psychoanalitycznych i psychodynamicznych. Pierwsze badania wykazały znaczenie myśli i zachowań w rozwoju i utrzymaniu problemów psychologicznych, co doprowadziło do opracowania TCC.

Aaron T. Beck zauważył, że pacjenci cierpiący na depresję mieli negatywne i zniekształcone schematy myślowe, które przyczyniały się do ich emocjonalnego cierpienia. Opracował techniki pomagające pacjentom zidentyfikować i kwestionować te schematy myślowe, co doprowadziło do powstania terapii poznawczej. Równolegle inni psychologowie pracowali nad aspektem behawioralnym, wykorzystując techniki takie jak warunkowanie klasyczne i operacyjne, aby leczyć problematyczne zachowania. Połączenie tych podejść doprowadziło do stworzenia TCC, która integruje zarówno aspekty poznawcze, jak i behawioralne.

Od czasu jej powstania TCC była szeroko badana i rozwijana. Stała się jednym z najczęściej stosowanych i skutecznych podejść terapeutycznych w leczeniu różnorodnych problemów psychologicznych.

1.2 Podstawowe zasady terapii behawioralnej i kognitywnej

Terapia poznawczo-behawioralna (TCC) opiera się na kilku podstawowych zasadach, które kierują jej podejściem terapeutycznym:

1. Kognicja wpływa na emocje i zachowanie:

Terapia poznawczo-behawioralna (TCC) opiera się na zasadzie, że nasze myśli, emocje i zachowania są wzajemnie powiązane. Kognicja, czyli nasz proces myślowy, ma bezpośredni wpływ na nasze emocje i zachowania. TCC uznaje, że negatywne schematy myślowe, zniekształcenia poznawcze i nierealne przekonania mogą przyczyniać się do rozwoju i utrzymania problemów psychologicznych, takich jak depresja, lęk, fobie, itp. Kiedy mamy negatywne lub irracjonalne myśli, mogą one wywoływać negatywne emocje, takie jak smutek, strach, złość, itp. Na przykład, jeśli mamy nierealne przekonanie, że jesteśmy kompletnym niepowodzeniem, może to wywoływać uczucia obniżonej wartości i zniechęcenia. Te emocje z kolei wpływają na nasze zachowanie, takie jak unikanie trudnych sytuacji, prokrastynacja, agresja, itp.

Celem TCC jest identyfikacja i kwestionowanie tych negatywnych schematów myślowych, aby zastąpić je bardziej realistycznymi i pozytywnymi myślami. Zmieniając nasze myśli, możemy wpływać pozytywnie na nasze emocje i zachowanie. Na przykład, jeśli jesteśmy w stanie kwestionować nierealne przekonanie *"Jestem całkowitym niepowodzeniem"* i zastąpić je bardziej realistyczną myślą, np. *"Doświadczyłem niepowodzeń, ale osiągnąłem także sukcesy w niektórych sytuacjach"*, możemy zacząć odczuwać wzrost poczucia własnej wartości i zwiększoną motywację do pokonywania wyzwań.

Praktyczny Arkusz 1:

Krok 1: Identyfikacja negatywnych schematów myślowych

- Zwróć uwagę na swoje powtarzające się negatywne myśli w konkretnych sytuacjach.
- Zidentyfikuj błędy poznawcze, takie jak nadmierne uogólnianie, myślenie dwubiegunowe (wszystko albo nic), selektywne filtrowanie, itp.

Przykład: *"Jestem beznadziejny w publicznych wystąpieniach. Na pewno będę się jąkać, a wszyscy mnie ocenią."*

Krok 2: Ocena dowodów

- Zastanów się, czy istnieją konkretne dowody na poparcie Twoich negatywnych myśli.
- Przeglądaj przeszłe doświadczenia, sukcesy i momenty, w których Twoje negatywne myśli się nie sprawdziły.

Przykład: *"Czy są momenty, w których udało mi się swobodnie przemawiać publicznie bez żadnych problemów?"*

Krok 3: Zastępowanie negatywnych schematów myślowych

- Generuj alternatywne i bardziej realistyczne myśli, aby zastąpić negatywne schematy myślowe.
- Użyj logicznych i obiektywnych argumentów, aby obalić zaburzenia poznawcze.

Przykład: *"Mogę się przygotować z wyprzedzeniem, ćwiczyć moje przemówienie i pamiętać, że wszyscy popełniają błędy. Ludzie będą bardziej wyrozumiali, niż myślę."*

Krok 4: Praktyka nowych myśli

- Regularnie trenuj, aby stosować swoje nowe, realistyczne myśli w sytuacjach, które zazwyczaj wywołują negatywne myśli.
- Zauważ różnice, które zauważasz w swoich emocjach i zachowaniach.

Przykład: Praktykuj swoje przemówienie, przypominając sobie swoje nowe, realistyczne myśli, i obserwuj, jak wpływa to na twoją pewność siebie i zdolność efektywnej komunikacji.

Przestrzegając tych kroków terapii poznawczo-behawioralnej, możesz zacząć zmieniać swoje negatywne schematy myślowe, co wpłynie pozytywnie na twoje emocje i zachowanie. Ważne jest regularne praktykowanie i cierpliwość, ponieważ może to zająć trochę czasu, aby zakorzenić te nowe schematy myślowe w swoim codziennym życiu.

2. Skupienie na teraźniejszości:

Terapia poznawczo-behawioralna (TCC) charakteryzuje się skupieniem na teraźniejszości, co oznacza, że kładzie nacisk na bieżące problemy i obecne objawy, zamiast koncentrować się wyłącznie na wydarzeniach przeszłych. To podejście opiera się na kilku zasadach psychologicznych.

1) **Znaczenie teraźniejszości:** TCC opiera się na przekonaniu, że problemy psychiczne często mają swoje źródło w obecnych schematach myślowych i zachowaniach. Koncentrując się na teraźniejszości, terapeuci mogą pomóc osobom zidentyfikować konkretne trudności, z którymi spotykają się na co dzień i opracować strategie radzenia sobie z nimi.

2) **Ograniczenie rozmyślania i unikania:** Skupiając się na teraźniejszości, TCC ma na celu zmniejszenie nadmiernego rozmyślania o przeszłości i lęku związanego z przyszłością. Rozmyślanie polega na tkwieniu w negatywnych myślach i rozmyślaniu o minionych wydarzeniach, podczas

gdy unikanie polega na unikaniu sytuacji wywołujących lęk. Skupiając się na teraźniejszości, TCC zachęca osoby do aktywnego uczestnictwa w bieżącym momencie i radzenia sobie z bieżącymi wyzwaniami, zamiast tkwić w negatywnych wzorcach myślowych lub unikać trudnych sytuacji.

3) **Wykorzystywanie konkretnej i pragmatycznej techniki:** TCC skupia się na praktycznych i konkretynych interwencjach, które można stosować w życiu codziennym. Oferuje strategie takie jak mindfulness, rozwiązywanie problemów, zmiana dysfunkcyjnych zachowań itp., Aby pomóc jednostkom radzić sobie z bieżącymi trudnościami. Te techniki pozwalają jednostkom rozwijać umiejętności adaptacji i poprawiać ich funkcjonowanie emocjonalne i behawioralne w teraźniejszości.

Karta praktyczna 2 :

Etap 1: Identyfikacja bieżących trudności

- Zidentyfikuj konkretne problemy i objawy, z którymi obecnie spotykasz się w swoim codziennym życiu.
- Zidentyfikuj schematy myślowe lub zachowania, które przyczyniają się do tych trudności.

Przykład: *"Często jestem przytłoczony stresem w pracy i czuję się niezdolny do radzenia sobie z zadaniami zawodowymi."*

Etap 2: Opracowanie strategii adaptacyjnych

- Zidentyfikuj techniki TCC, które mogą pomóc Ci radzić sobie z obecnymi trudnościami.
- Naucz się praktycznych umiejętności, takich jak mindfulness, rozwiązywanie problemów czy modyfikacja problematycznych zachowań.

Przykład: *"Będę praktykować uważność, aby pozostać skoncentrowanym i spokojnym w pracy. Będę również stosować technikę rozwiązywania problemów, aby podejść do trudnych zadań w sposób strukturalny."*

Krok 3: Wdrożenie w praktyce

- Zastosuj nauczone strategie w swoim codziennym życiu.

- Aktywnie zaangażuj się w teraźniejszy moment i staw czoła trudnościom, zamiast ich unikać.

Przykład: W pracy praktykuj uważność, koncentrując się na oddechu i obserwując swoje myśli i emocje bez osądzania. Stosuj technikę rozwiązywania problemów, identyfikując konkretne kroki do zarządzania stresującymi zadaniami.

Podążając tymi krokami terapii poznawczo-behawioralnej (TCC), możesz skupić się na obecnych problemach i opracować praktyczne strategie ich rozwiązywania. Aktywne zaangażowanie w teraźniejszość może poprawić Twoje samopoczucie emocjonalne i ogólną funkcjonalność w codziennym życiu.

3. Strukturalne i celowe podejście:

Strukturalne i celowe podejście jest jedną z kluczowych cech terapii behawioralnej i poznawczej (TCC). To podejście opiera się na kilku zasadach psychologicznych i terapeutycznych.

1) **Konieczność struktury i planowania:** TCC rozumie ważność jasnej struktury i dokładnego planowania sesji terapeutycznych. To pozwala na stworzenie spójnej ramy terapeutycznej i maksymalizację efektywności terapii. Posiadając określoną strukturę, terapeuci i pacjenci mogą pracować systematycznie i zorganizowanie w kierunku celów terapeutycznych.

2) **Ustalanie klarownych celów terapeutycznych:** W TCC terapeuta i pacjent współpracują, aby określić konkretne i mierzalne cele. Zazwyczaj są one związane z obecnymi trudnościami pacjenta oraz problemami, które są przedmiotem terapii. Określenie jasnych celów pozwala stworzyć wspólną orientację i kierunek terapeutyczny, co sprzyja zaangażowaniu i motywacji pacjenta.

3) **Opracowywanie konkretnego planu leczenia:** Po ustaleniu celów TCC zakłada opracowanie konkretnego planu leczenia. Może on obejmować różne techniki i konkretne interwencje dostosowane do potrzeb pacjenta. Plan leczenia opiera się zazwyczaj na udowodnionych protokołach i

interwencjach opartych na dowodach, co przyczynia się do skuteczności terapii.

4) **Współpraca terapeuta i pacjenta:** TCC opiera się na aktywnej współpracy między terapeutą a pacjentem. Terapeuta kieruje procesem terapeutycznym, dostarcza informacji i technik oraz pomaga pacjentowi osiągnąć swoje cele. Pacjent aktywnie uczestniczy w swoim procesie zdrowienia, biorąc czynny udział w sesjach i stosując zdobyte umiejętności między sesjami.

Praktyczny arkusz krok po kroku:

Krok 1: Ustalanie celów terapeutycznych

- Pracować nad zidentyfikowaniem konkretnych problemów, które chcesz rozwiązać.
- Określenie jasnych, mierzalnych i osiągalnych celów, które pomogą rozwiązać te problemy.

Przykład: *"Moim celem terapeutycznym jest zarządzanie moim lękiem społecznym i rozwijanie umiejętności komunikacji, aby czuć się bardziej pewnie podczas interakcji społecznych."*

Krok 2: Opracowywanie planu leczenia

- Opracuj konkretny plan leczenia.
- Zidentyfikuj konkretne techniki i interwencje, które zostaną wykorzystane do osiągnięcia Twoich celów.

Przykład: Plan leczenia może obejmować sesje stopniowego wystawiania się na sytuacje społeczne, strategie restrukturyzacji poznawczej w celu kwestionowania negatywnych myśli oraz ćwiczenia asertywności w komunikacji w celu rozwijania umiejętności społecznych.

Etap 3: Wdrożenie planu leczenia

- Aktywna praca nad wdrożeniem technik i interwencji z planu leczenia.
- Śledzenie konkretnych etapów określonych w planie, zaangażowanie się w zalecane ćwiczenia i praktyki.

Przykład: Uczestniczenie w stopniowym wystawianiu się na sytuacje społeczne przy wsparciu terapeuty, praktykowanie restrukturyzacji poznawczej poprzez identyfikację i kwestionowanie negatywnych myśli podczas interakcji społecznych oraz trening asertywności w rzeczywistych sytuacjach.

Śledząc te kroki terapii poznawczo-behawioralnej, możesz korzystać z strukturalnego i celowego podejścia. Konkretny plan leczenia i współpraca z terapeutą pozwolą ci skoncentrować się i skutecznie rozwiązywać swoje konkretne problemy.

4. Nauka poprzez doświadczenie:

Terapia poznawczo-behawioralna zachęca do eksperymentowania i aktywnego uczenia się. Pacjentów zachęca się do testowania nowych sposobów myślenia i zachowania w rzeczywistych sytuacjach, aby rozwijać nowe umiejętności i perspektywy.

1.3 Dlaczego wybrać terapię poznawczo-behawioralną?

Istnieje wiele powodów, dla których terapia poznawczo-behawioralna jest popularnym i skutecznym podejściem w leczeniu problemów psychicznych:

- **Dowodzona skuteczność:** Terapia poznawczo-behawioralna jest poparta wieloma badaniami naukowymi, które potwierdzają jej skuteczność w leczeniu różnorodnych zaburzeń, takich jak lęki, depresja, zaburzenia odżywiania, fobie i wiele innych.

- **Podejście praktyczne i konkretne:** Terapia poznawczo-behawioralna oferuje narzędzia i praktyczne techniki, które można bezpośrednio zastosować w życiu codziennym. Pacjenci uczą się konkretnych umiejętności do zarządzania swoimi myślami i zachowaniami, co pozwala im aktywnie dbać o swoje zdrowie psychiczne.

- **Trwałość rezultatów:** Poprzez koncentrację na wzorcach myślenia i zachowania, terapia poznawczo-behawioralna dąży do wprowadzenia trwałych zmian. Pacjenci zdobywają umiejętności, które mogą kontynuować nawet po zakończeniu terapii, co pozwala im utrzymywać dobre samopoczucie na dłuższą metę.

- **Dostosowalność:** Terapia poznawczo-behawioralna może być dostosowana do różnych problemów i różnych osób. Może być stosowana w leczeniu różnych zaburzeń i dostosowywana do konkretnych potrzeb każdego pacjenta.

- **Współpraca terapeuta i pacjenta:** Terapia poznawczo-behawioralna to podejście współpracy, w którym terapeuta i pacjent wspólnie określają cele, rozwijają strategie i rozwiązują problemy. Pacjent jest zachęcany do aktywnego udziału we własnym procesie leczenia, co promuje autonomię i wzmocnienie (Autonomizacja).

Wybierając terapię behawioralno-poznawczą, wybierasz sprawdzone i praktyczne podejście do przezwyciężenia swoich trudności emocjonalnych i behawioralnych. Niezależnie od tego, czy zmierzasz z lękiem, depresją czy innymi problemami, terapia behawioralno-poznawcza może dostarczyć Ci narzędzi i umiejętności, które pozwolą odmienić Twoje życie i osiągnąć trwałe samopoczucie.

Ograniczenia terapii behawioralno-poznawczej.

Mimo że terapia behawioralno-poznawcza (TBP) jest powszechnie stosowanym i skutecznym podejściem terapeutycznym, ma także swoje ograniczenia. Ważne jest, aby je rozpoznać, aby mieć wyważone spojrzenie na tę metodę:

1. **Ograniczona elastyczność:** TBP została opracowana w celu leczenia szerokiego spektrum problemów psychicznych, ale niekoniecznie jest odpowiednia dla każdej osoby lub każdego problemu. Każda osoba jest wyjątkowa i ma różne potrzeby i preferencje terapeutyczne. Dlatego normalne jest, że niektórzy ludzie potrzebują innych lub uzupełniających podejść terapeutycznych, aby osiągnąć najlepsze rezultaty. Na przykład poważne zaburzenia osobowości mogą wymagać bardziej

specjalistycznych i intensywnych podejść, takich jak terapia dialektyczno-
behawioralna (TDB) lub terapia psychodynamiczna..

2. **Wymagane zaangażowanie i wysiłek:** TBP wiąże się z aktywnym zaangażowaniem i ciągłym wysiłkiem pacjenta, aby osiągnąć trwałe rezultaty. Schematy myślowe i nieadaptacyjne zachowania często są zakorzenione i wymagają czasu i praktyki, aby je zmienić. Dlatego normalne jest, że zmiana nie następuje overnight. Badania wskazują, że aktywne zaangażowanie pacjenta w terapię i praktykowanie nauczonych technik są ważnymi czynnikami sukcesu terapii (David et al., 2018).

3. **Ograniczenia w przypadku głębokich problemów:** Terapia behawioralno-poznawcza może napotkać ograniczenia w leczeniu głębokich i złożonych problemów psychologicznych, takich jak poważne zaburzenia osobowości. Te problemy często są zakorzenione w głębokich schematach myślowych i traumach, które wymagają bardziej intensywnego i specjalistycznego podejścia terapeutycznego. Badania sugerują, że zaburzenia osobowości mogą wymagać dłuższych i bardziej specjalistycznych terapii, takich jak terapia psychodynamiczna, aby osiągnąć optymalne wyniki (Leichsenring et al., 2017).

4. **Zależność od relacji terapeutycznej:** Terapia behawioralno-poznawcza często opiera się na silnym i zaufanym związku między pacjentem a terapeutą. Sojusz terapeutyczny, czyli jakość relacji między pacjentem a terapeutą, został zidentyfikowany jako kluczowy czynnik skuteczności leczenia (Norcross & Lambert, 2018). Dlatego jest normalne, że jeśli ten związek nie zostanie ustanowiony lub jeśli pacjent ma trudności w pełnym zaangażowaniu się w proces terapeutyczny, wyniki mogą być ograniczone. To podkreśla znaczenie znalezienia terapeuty, z którym pacjent czuje się komfortowo i w pełni zaufany..

5. **Ograniczenia badań empirycznych:** Mimo że wiele badań wykazało skuteczność TBP, ważne jest uznanie, że wyniki badań mogą mieć ograniczenia metodologiczne. Na przykład niektóre badania mogą opierać się na ograniczonych próbkach lub nie uwzględniać różnorodności indywidualnych odpowiedzi. Ponadto każdy człowiek jest wyjątkowy i może reagować inaczej na daną terapię, w zależności od swoich osobistych

cech. Dlatego normalne jest traktowanie wyników badań jako ogólnych tendencji, a nie absolutnych gwarancji sukcesu terapeutycznego.

6. **Brak cudownego rozwiązania:** TBP, podobnie jak każde podejście terapeutyczne, nie gwarantuje 100% pozytywnych wyników. Każdy człowiek i każda sytuacja są wyjątkowe, a sukces terapeutyczny zależy od wielu czynników, takich jak motywacja pacjenta, wsparcie społeczne, nasilenie problemu, itp. Jest normalne, że niektórzy ludzie potrzebują dłuższego okresu terapii lub innych uzupełniających podejść, aby osiągnąć najlepsze wyniki w swoim procesie leczenia.

Te ograniczenia nie kwestionują ogólnego skutecznego podejścia TBP, ale raczej podkreślają, że każde podejście terapeutyczne ma swoje własne mocne strony i ograniczenia. Ważne jest również znalezienie leczenia, które najlepiej odpowiada każdej osobie, biorąc pod uwagę jej konkretne potrzeby i sytuację.

Podstawy terapii behawioralnej i poznawczej

Terapia behawioralna i poznawcza opiera się na dwóch powiązanych teoretycznych modelach: modelu poznawczego i modelu behawioralnego. Te dwa podejścia uzupełniają się nawzajem, tworząc potężne podejście zintegrowane.

2.1 Model poznawczy

Model poznawczy koncentruje się na myślach, przekonaniach i interpretacjach, jakie mamy o sobie samych, innych i otaczającym nas świecie. Analizuje, jak te aspekty poznawcze wpływają na nasze emocje i zachowania. Oto psychologiczne i psychiczne wyjaśnienia modelu poznawczego i jego działania:

1. **Automatyczne myśli:**

Automatyczne myśli to spontaniczne i szybkie myśli, które pojawiają się w reakcji na konkretne sytuacje. Często są one kształtowane przez nasze schematy myślowe i podstawowe przekonania. Te automatyczne myśli mogą być pozytywne, negatywne lub obojętne, i mają bezpośredni wpływ na nasze doświadczenia emocjonalne. Są one zazwyczaj natychmiastowe i pojawiają się bez wysiłku świadomego. Mogą być wywoływane przez wydarzenia, bodźce lub sytuacje przypominające przeszłe doświadczenia lub związane z określonymi emocjami.

Na przykład, wyobraź sobie, że zostałeś zaproszony do przeprowadzenia prezentacji przed dużą grupą ludzi. Twoje myśli automatyczne mogą być następujące:

- **Myśl automatyczna pozytywna:** *"Jestem pewny siebie i dobrze przygotowany, zrobię tę prezentację z sukcesem."*
- **Myśl automatyczna negatywna:** *"Będę się jąkać i popełnię błędy, wszyscy mnie ocenią i będą się ze mnie śmiać."*
- **Myśl automatyczna neutralna:** *"Muszę pamiętać, żeby mówić wolno i wyraźnie."*

Te myśli automatyczne mogą się różnić w zależności od osoby i jej schematów myślowych oraz fundamentalnych przekonań. Często są one kształtowane przez nasze wcześniejsze doświadczenia, postrzeganie siebie, innych ludzi i świata, a także nasze oczekiwania i troski.

Myśli automatyczne mogą być przydatne, ponieważ pozwalają nam szybko ocenić i interpretować sytuację. Mogą nam pomóc podejmować szybkie decyzje i reagować w sposób adaptacyjny. Jednak gdy nasze myśli automatyczne są negatywne, irracjonalne lub oparte na dysfunkcyjnych schematach myślowych, mogą prowadzić do negatywnych emocji, takich jak smutek, lęk czy złość, a także do zachowań nieadaptacyjnych.

W terapii poznawczo-behawioralnej ważne jest zidentyfikowanie myśli automatycznych, ponieważ mogą być one cennymi wskaźnikami ukrytych schematów myślowych, które przyczyniają się do naszych trudności emocjonalnych i behawioralnych. Świadomość naszych myśli automatycznych pozwala nam na ich realistyczną ocenę, kwestionowanie tych, które są irracjonalne lub niekorzystne, oraz zastępowanie ich bardziej adaptacyjnymi i realistycznymi myślami. To pozwala zmienić nasze reakcje emocjonalne i zachowania, sprzyjając poprawie naszego zdrowia psychicznego.

2. **Schematy myślowe:**

Schematy myślowe to trwałe i stabilne wzorce myślenia, które wpływają na nasze postrzeganie i interpretację wydarzeń. Schematy te kształtują się z czasem na podstawie naszych wcześniejszych doświadczeń, edukacji, interakcji społecznych i wpływów kulturowych. Są one często głęboko zakorzenione i mogą być automatycznie aktywowane w podobnych sytuacjach. Kształtują się w naszym rozwoju poznawczym i emocjonalnym, głównie w dzieciństwie i adolescencji. Pierwsze doświadczenia i interakcje z otoczeniem, w tym rodzina, rówieśnicy i nauczyciele, odgrywają kluczową rolę w kształtowaniu tych schematów. Na przykład jeśli dziecko regularnie jest krytykowane lub wyśmiewane przez swoich rodziców, może to przyczynić się do wykształcenia negatywnego schematu myślowego na temat siebie. Może rozwinąć fundamentalne przekonanie, że jest niekompetentne lub niegodne miłości. Ten negatywny schemat myślowy może wpływać na jego postrzeganie siebie, innych i świata przez całe życie, prowadząc do negatywnych myśli automatycznych w podobnych sytuacjach.

Oto kilka przykładów powszechnych schematów myślowych:

- **Schemat myślowy perfekcjonizmu:** Osoba mająca ten schemat myślowy ma bardzo wysokie oczekiwania wobec siebie i innych. Uważa, że wszystko musi być doskonałe, a jeśli nie osiąga tej doskonałości, surowo siebie krytykuje i może odczuwać poczucie niepowodzenia.
- **Schemat myślowy nieufności:** Osoba mająca ten schemat myślowy ma skłonność do nieufności wobec innych i wierzenia, że ludzie mają złe intencje lub manipulują. Może negatywnie interpretować działania innych, co może prowadzić do podejrzliwości i dystansu w jej relacjach interpersonalnych.
- **Schemat myślowy opuszczenia:** Osoba mająca ten schemat myślowy ma głęboki strach przed zostaniem opuszczoną lub odrzuconą. Może mieć automatyczne myśli takie jak "W końcu wszyscy mnie opuszczą" w sytuacjach, gdzie czuje się emocjonalnie wrażliwa.

Schematy myślowe mogą wpływać na nasze emocje, zachowanie i interakcje z innymi. Mogą również przyczyniać się do utrzymywania problemów psychologicznych, takich jak lęki, depresja, zaburzenia samopoczucia itp.

W terapii poznawczo-behawioralnej celem jest zidentyfikowanie tych nieadaptacyjnych schematów myślowych, realistyczna ich ocena i, jeśli to konieczne, ich modyfikacja. Proces ten obejmuje kwestionowanie fundamentalnych przekonań leżących u podstaw tych schematów i zastępowanie ich bardziej adaptacyjnymi i realistycznymi schematami myślowymi. Proces restrukturyzacji poznawczej ma na celu promowanie bardziej pozytywnych, konstruktywnych i dokładnych myśli, co może prowadzić do pozytywnych zmian w naszych emocjach i zachowaniach.

3. Przekonania podstawowe:

Przekonania podstawowe to głęboko zakorzenione przekonania o sobie, innych i świecie wokół nas. Są one często kształtowane we wczesnym okresie naszego rozwoju i mają znaczący wpływ na nasze myśli, emocje i zachowania.

Często pochodzą one z naszych wcześniejszych doświadczeń, edukacji, interakcji społecznych i naszej własnej interpretacji wydarzeń. Mogą być pozytywne, negatywne lub neutralne i wpływają na nasz sposób postrzegania i interpretowania napływających do nas informacji.

Oto przykłady powszechnych przekonań podstawowych:

1. **Pozytywne przekonanie podstawowe** : *"Jestem godny miłości i szacunku."* To pozytywne przekonanie podstawowe może sprawić, że osoba ma pewność siebie, utrzymuje zdrowe relacje i podchodzi do życiowych wyzwań z optymizmem.

2. **Negatywne przekonanie podstawowe** : *"Jestem nieudacznikiem i nigdy nie osiągnę sukcesu."* To negatywne przekonanie podstawowe może sprawić, że osoba ciągle czuje się nieadekwatna, boi się porażki i unika sytuacji, które mogłyby potwierdzić to przekonanie.

3. **Neutralne przekonanie podstawowe** : *"Życie jest nieprzewidywalne i może być trudne."* To neutralne przekonanie podstawowe może pomóc osobie być realistyczną wobec życiowych wyzwań, być przygotowaną na trudności i rozwijać umiejętności radzenia sobie z nimi.

Przekonania podstawowe mogą być kształtowane przez nasze wczesne doświadczenia, takie jak nasz związek z rodzicami, interakcje z innymi ludźmi i przekazy otrzymane od społeczeństwa i kultury. Mogą być również wzmacniane przez nasze schematy myślowe, nasze myśli automatyczne i obecne interakcje. Mają one głęboki wpływ na naszą samoocenę, nasze postrzeganie siebie, innych i świata, a także na nasze emocje i zachowania. Mogą przyczyniać się do utrzymywania problemów psychologicznych, takich jak lęk, depresja, zaburzenia samooceny, fobie, itp.

W terapii poznawczo-behawioralnej ważne jest, aby badać i kwestionować te negatywne, irracjonalne lub nieskuteczne przekonania podstawowe. Oznacza to analizowanie dowodów, które wspierają lub obalają te przekonania, identyfikowanie błędów poznawczych, które mogą na nie wpływać, i zastępowanie ich bardziej adaptacyjnymi i realistycznymi przekonaniami.

Na przykład osoba, która ma negatywne przekonanie podstawowe *"Jestem nieudacznikiem i nigdy nie osiągnę sukcesu"*, może badać pozytywne doświadczenia i osiągnięcia, które miała w swoim życiu, aby poddać w wątpliwość to przekonanie. Może również rozwijać bardziej adaptacyjne przekonanie, takie jak *"Mogę się uczyć na moich błędach i jestem zdolny do osiągnięcia sukcesu, jeśli się zaangażuję i będę się starać".*

Poprawiając negatywne lub dysfunkcyjne przekonania podstawowe, można poprawić samoocenę, relacje międzyludzkie, pewność siebie i ogólny stan zdrowia psychicznego.

Model poznawczy pomaga zrozumieć, jak nasze myśli, nasze schematy myślowe i nasze przekonania podstawowe wpływają na nasze emocje i zachowania. Podkreśla, że to nie zewnętrzne wydarzenia bezpośrednio wywołują nasze emocje, ale nasza interpretacja tych wydarzeń. Dlatego zmieniając nasze myśli i zastępując negatywne lub irracjonalne myśli automatyczne bardziej adaptacyjnymi i realistycznymi myślami, możemy zmienić nasze emocje i reakcje behawioralne.

W ramach terapii poznawczo-behawioralnej istotne jest identyfikowanie myśli automatycznych, czyli spontanicznych myśli, które pojawiają się w reakcji na konkretne sytuacje. Te myśli automatyczne mogą być pozytywne, negatywne lub neutralne, ale mają bezpośredni wpływ na nasze doświadczenia emocjonalne. Jeśli mamy tendencję do negatywnych lub irracjonalnych myśli automatycznych, może to prowadzić do negatywnych emocji, takich jak smutek, lęk czy złość.

Terapia poznawczo-behawioralna ma na celu pomóc osobom w identyfikacji ich negatywnych myśli automatycznych, ocenie ich realizmu i zastąpieniu ich bardziej adaptacyjnymi i realistycznymi myślami. Ten proces restrukturyzacji poznawczej pozwala zmienić postrzeganie siebie, innych i świata, co prowadzi do pozytywnych zmian w emocjach i zachowaniach.

2.2 Model behawioralny

Model behawioralny skupia się na obserwacji i modyfikacji obserwowalnych zachowań. Według tego modelu, nasze zachowania mają znaczący wpływ na nasze samopoczucie i emocje. Zachowania mogą utrzymywać problemy psychiczne i emocjonalne, ale można je także zmienić, aby promować pozytywne rezultaty.

Model poznawczo-behawioralny kładzie nacisk na interakcję między myślami, emocjami i zachowaniami. Oprócz myśli automatycznych i schematów myślowych, model behawioralny bada, jak nasze zachowanie wpływa na nasze doznania emocjonalne i myśli.

Według modelu behawioralnego nasze zachowanie jest wynikiem naszych myśli i emocji, ale może także wpływać na te ostatnie. Nasze działania mogą wzmacniać lub modyfikować nasze schematy myślowe, przekonania i emocje.

Model behawioralny opiera się na przekonaniu, że zmiana zachowania może mieć pozytywny wpływ na nasze samopoczucie psychiczne. Na przykład, jeśli osoba cierpi na lęk społeczny, unikanie sytuacji społecznych może być nieadaptacyjnym zachowaniem, które wzmacnia lęk. Pracując nad alternatywnymi zachowaniami, takimi jak stopniowe wystawianie się na sytuacje społeczne i nauka umiejętności społecznych, osoba może zmniejszyć swoją dezorganizację i zmienić negatywne schematy myślowe.

Kluczowe zasady modelu behawioralnego w terapii poznawczo-behawioralnej obejmują:

1. **Ekspozycja:** Polega na stopniowym narażaniu się na sytuacje, które wywołują lęk lub są unikane, aby zmniejszyć lęk i zmienić związane z nimi schematy myślowe. Na przykład osoba cierpiąca na fobię pająków może być stopniowo wystawiana na obrazy pająków, a następnie na prawdziwe pająki w kontrolowanym środowisku.

2. **Nauka umiejętności:** Polega na zdobywaniu nowych umiejętności radzenia sobie w trudnych sytuacjach. Na przykład osoba cierpiąca na zaburzenia lękowe społeczne może uczyć się technik komunikacji, asertywności i radzenia sobie ze stresem, aby lepiej radzić sobie w sytuacjach społecznych.

3. **Modyfikacja konsekwencji:** Polega na zmianie konsekwencji, które wzmacniają lub utrzymują niepożądane zachowanie. Na przykład osoba, która ma nawyk odkładania spraw na później, może

zidentyfikować natychmiastowe nagrody lub unikania związane z odkładaniem i znaleźć strategie ich zmiany.

4. **Pozytywne wzmocnienie:** Polega na wzmacnianiu pożądanych zachowań za pomocą nagród lub zachęt. Na przykład osoba walcząca z depresją może ustawić sobie realistyczne codzienne cele i nagradzać się, gdy je osiąga.

Poprzez połączenie podejść kognitywnych i behawioralnych terapia poznawczo-behawioralna ma na celu pomoc osobom w modyfikowaniu zarówno swoich myśli, jak i zachowań w celu poprawy ich samopoczucia emocjonalnego. Poprzez identyfikację negatywnych schematów myślowych, dysfunkcjonalnych myśli automatycznych i szkodliwych zachowań, możliwe jest wprowadzenie pozytywnych zmian w naszym sposobie myślenia, odczuwania i działania.

Celem terapii behawioralnej jest pomóc osobom rozwijać nowe, zdrowsze i bardziej adaptacyjne zachowania, jednocześnie eliminując szkodliwe lub ograniczające zachowania.

2.3 Zintegrowane podejście

Zintegrowane podejście, znane również jako zintegrowane podejście poznawczo-behawioralne, łączy zasady i techniki terapii poznawczej oraz terapii behawioralnej w spójnym ramowaniu terapeutycznym. Rozpoznaje ono, że myśli, emocje i zachowania są ze sobą ścisło powiązane i oddziałują na siebie nawzajem.

Zintegrowane podejście uznaje, że myśli mogą wpływać na emocje i zachowania, a zachowania z kolei mogą wpływać na myśli i emocje. Koncentruje się ono na badaniu i modyfikacji dysfunkcyjnych myśli i zachowań oraz na nauce umiejętności adaptacyjnych.

To podejście podkreśla znaczenie zrozumienia, w jaki sposób schematy myślowe, automatyczne myśli, fundamentalne przekonania i zachowania oddziałują, aby wpływać na nasze doświadczenia. Wykorzystuje techniki poznawcze do identyfikowania i kwestionowania negatywnych lub irracjonalnych myśli oraz techniki behawioralne do zmiany nieadaptacyjnych zachowań i wzmacniania pożądanych zachowań.

Zintegrowane podejście łączy techniki takie jak:

1. **Przekształcenie poznawcze:** Oznacza to identyfikację negatywnych automatycznych myśli, realistyczną ocenę ich i zastępowanie ich bardziej adaptacyjnymi i realistycznymi myślami.
2. **Ekspozycja:** Polega na stopniowym wystawianiu osób na obawy lub unikane sytuacje w celu zmniejszenia lęku i modyfikacji związanego z nimi schematu myślowego.
3. **Nauka umiejętności:** Polega na zdobywaniu praktycznych umiejętności radzenia sobie z trudnościami, zarządzania emocjami i poprawy relacji interpersonalnych.
4. **Pozytywne wzmocnienie:** Oznacza wzmacnianie adaptacyjnych i pozytywnych zachowań za pomocą nagród i zachęt.

Zintegrowane podejście rozumie, że każdy człowiek jest wyjątkowy i wymaga spersonalizowanego podejścia, aby zaspokoić jego konkretne potrzeby. Terapeuta współpracuje z klientem w celu zidentyfikowania schematów myślowych, fundamentalnych przekonań i problematycznych zachowań, a następnie razem pracują nad opracowaniem efektywnych strategii zmiany.

Oto metafora, która wyjaśnia zintegrowane podejście w terapii poznawczo-behawioralnej:

Wyobraź sobie, że twój umysł to piękny dom z wieloma pomieszczeniami. Każde pomieszczenie reprezentuje wymiar twojego doświadczenia mentalnego: twoje myśli, emocje i zachowania. Zintegrowane podejście polega na badaniu i poprawie każdego pomieszczenia w twoim domu, aby stworzyć harmonijne środowisko. W pomieszczeniu myśli identyfikujemy negatywne automatyczne myśli, które mogą zaciemniać twoją perspektywę. Wyobraź sobie te myśli jak brudne okna, które przesłaniają światło słoneczne. Czyścimy je, używając restrukturyzacji poznawczej, aby usunąć negatywne plamy i zastąpić je jaśniejszymi i bardziej pozytywnymi myślami, pozwalając światłu świecić przez okna.

W pomieszczeniu emocji eksplorujemy emocje, które mogą być intensywne lub trudne do zarządzania. Wyobraź sobie te emocje jak wzburzone fale, które mogą zakłócać twoją wewnętrzną spokojność. Korzystamy z technik behawioralnych, aby pomóc ci nawigować po tych falach, zrozumieć je i uspokoić, tworząc spokojniejszy ocean wewnątrz ciebie.

Na koniec, w pomieszczeniu zachowań przyglądamy się działaniom i reakcjom, które mogą być problematyczne. Wyobraź sobie te zachowania jak nieuporządkowane meble, które utrudniają twą swobodę ruchu. Razem pracujemy nad uporządkowaniem mebli, wykorzystując strategie behawioralne do zmiany nieadaptacyjnych zachowań i promowania bardziej pozytywnych i konstruktywnych zachowań.

Celem podejścia zintegrowanego jest stworzenie harmonijnego domu mentalnego, w którym myśli, emocje i zachowania wzajemnie się wspierają w równoważny sposób. Poprzez czyszczenie okien myśli, uspokajanie fal emocji i porządkowanie mebli zachowań, możesz żyć w mentalnym domu, który sprzyja Twojemu dobrobytowi i rozwojowi osobistemu.

Integrując aspekty poznawcze i behawioralne, to podejście ma na celu zapewnienie głębokiego i holistycznego zrozumienia problemów psychologicznych oraz ułatwienie trwałych zmian w tym, jak jednostki myślą, czują i działają.

Ocena wstępna i formułowanie przypadku

Ocena wstępna to kluczowy etap w procesie terapii behawioralnej i poznawczej. Pozwala terapeucie zbierać istotne informacje o pacjencie, ocenić jego problemy i opracować odpowiedni plan leczenia. Ten etap obejmuje dwie istotne kwestie: zbieranie informacji i opracowanie formułowania przypadku.

3.1 Zbieranie informacji

Zbieranie informacji podczas oceny wstępnej polega na gromadzeniu szczegółowych danych na temat problemu pacjenta, jego historii osobistej, historii medycznej, obecnych problemów i celów terapeutycznych. Ten etap może obejmować wiele elementów, takich jak:

1. **Wywiad** : Terapeuta zadaje pytania dotyczące osobistej historii pacjenta, jego rodziny, rozwoju, edukacji, relacji interpersonalnych, ewentualnych traumatycznych doświadczeń, stylu życia itp. Celem jest zrozumienie czynników, które mogły przyczynić się do obecnej sytuacji pacjenta.

2. **Objawy i obecne problemy** : Terapeuta bada konkretne objawy i problemy, z którymi pacjent się boryka, takie jak lęk, depresja, zaburzenia snu, trudności w relacjach, problemy z samooceną itp. Szuka zrozumienia, w jaki sposób te objawy wpływają na codzienne życie pacjenta.

3. **Historia medyczna** : Terapeuta zbiera informacje dotyczące historii medycznej pacjenta, w tym problemów zdrowotnych, wcześniejszych leczeń medycznych, obecnie przyjmowanych leków, alergii itp. Informacje te są istotne dla oceny czynników fizycznych, które mogą wpływać na zdrowie psychiczne pacjenta.

4. **Historia wcześniejszych leczeń** : Terapeuta badanie wcześniejsze próby leczenia pacjenta, czy to terapią, medykamentami czy innymi podejściami. Pomaga to zrozumieć, co zostało wcześniej

wypróbowane, co działało lub nie, i dostosować plan leczenia odpowiednio.

5. **Ocena czynników stresu** : Terapeuta identyfikuje obecne czynniki stresu w życiu pacjenta, takie jak problemy zawodowe, rodzinne, finansowe, itp. Te czynniki mogą mieć wpływ na zdrowie psychiczne i muszą być uwzględnione podczas formułowania przypadku.

6. **Ocena zasobów i sił** : Terapeuta bada również zasoby, umiejętności i siły pacjenta, a także jego system wsparcia społecznego. Pomaga to zidentyfikować atuty pacjenta, na których można polegać podczas leczenia.

Te informacje są gromadzone za pomocą wywiadów klinicznych, kwestionariuszy, skal oceny i innych standardowych narzędzi oceny. Pełne zbieranie informacji pozwala terapeucie uzyskać ogólny obraz pacjenta i jego konkretnych potrzeb, co kieruje formułowaniem przypadku i opracowywaniem planu leczenia.

Oto metafora wyjaśniająca zbieranie informacji podczas początkowej oceny za pomocą analogii do puzzli:

Wyobraź sobie, że zrozumienie pacjenta to skomplikowany puzzle składający się z wielu kawałków. Każdy kawałek reprezentuje konkretne informacje o pacjencie, takie jak jego historia osobista, objawy, historia chorób, aktualne problemy, zasoby itp. Podczas zbierania informacji terapeuta działa jak zaangażowany detektyw, który poszukuje różnych kawałków układanki. Dokładnie eksploruje każdy zakątek układanki, aby znaleźć brakujące elementy i dostosować je, aby stworzyć pełen obraz.

Terapeuta rozpoczyna od zadawania pytań dotyczących historii osobistej pacjenta, jakby zbierał kawałki przeszłości, aby zrozumieć, jak się łączą i wpływają na obecną sytuację. Następnie koncentruje się na obecnych objawach i problemach, które są jak centralne elementy układanki, ujawniając wyzwania, przed którymi stoi pacjent. Jednocześnie terapeuta bada historię chorób pacjenta, która jest kolejnym istotnym elementem układanki. Szuka zrozumienia, czy pewne problemy fizyczne mogą wpływać na problemy psychiczne. Ponadto terapeuta analizuje wcześniejsze leczenia, czynniki stresowe i zasoby pacjenta, które są równie ważne w uzupełnieniu ogólnego obrazu układanki.

Przy użyciu narzędzi oceny, wywiadów klinicznych i innych technik terapeuta stopniowo zbiera kawałki układanki i starannie je dostosowuje, tworząc spójny i zrozumiały obraz pacjenta. Każdy zebrany kawałek to cenna informacja, która wzbogaca ogólną wizję pacjenta i kieruje procesem formułowania przypadku. Zbieranie informacji podczas początkowej oceny jest porównywane do układania skomplikowanego puzzla. Terapeuta bada każdy kawałek, każdy szczegół i starannie je łączy, tworząc pełny obraz pacjenta. To właśnie ten pełny obraz posłuży za podstawę do opracowania spersonalizowanego i skutecznego planu leczenia, który pozwoli rozwiązać problemy pacjenta w sposób holistyczny i uzasadniony.

Oto konkretny przykład ilustrujący zbieranie informacji podczas początkowej oceny:

Wyobraźmy sobie, że pewna osoba szuka pomocy z powodu objawów ogólnego lęku. Terapeuta zaczyna zadawać pytania, aby zbierać szczegółowe informacje na temat sytuacji danej osoby:

1. **Wywiad:** Terapeuta prosi osobę o opowiedzenie swojej osobistej historii, włącznie z jej rozwojem, edukacją, rodziną i relacjami. Odkrywa, że osoba doświadczyła stresujących przeżyć w dzieciństwie, co może przyczyniać się do jej obecnych objawów lęku.

2. **Aktualne objawy i problemy:** Terapeuta bada konkretne objawy osoby, takie jak lękowe myśli, fizyczne odczucia lęku, trudności w koncentracji i nadmierne zmartwienia. Odkrywa, że lęk istotnie wpływa na codzienne życie osoby i jej jakość życia.

3. **Historia medyczna:** Terapeuta pyta o historię medyczną osoby. Odkrywa, że osoba ma schorzenie medyczne, które może nasilać objawy lęku. Wskazuje to na potrzebę zintegrowanego podejścia, uwzględniającego aspekty medyczne.

4. **Historia wcześniejszych terapii:** Terapeuta pyta, czy osoba wcześniej korzystała z terapii w celu leczenia lęku. Osoba wspomina, że próbowała leków, ale nie przyniosły one trwałych efektów. Wskazuje to na możliwość eksploracji innych podejść terapeutycznych.

5. **Ocena czynników stresu:** Terapeuta bada aktualne czynniki stresu osoby. Osoba wspomina o problemach zawodowych, trudnościach w relacjach i zmartwieniach finansowych. Te czynniki stresu mogą przyczyniać się do lęku i muszą być uwzględnione w terapii.

6. **Ocena zasobów i sił:** Terapeuta stara się zidentyfikować zasoby i siły osoby. Osoba wspomina o umiejętnościach radzenia sobie ze stresem i wsparciu ze strony swojej najbliższej rodziny. Te zasoby mogą być wykorzystane w terapii, aby pomóc osobie radzić sobie z lękiem.

Korzystając z tych informacji, terapeuta rozwija ogólny obraz sytuacji osoby. Identyfikuje negatywne wzorce myślowe, fundamentalne przekonania i reakcje emocjonalne, które przyczyniają się do lęku osoby. To zrozumienie kieruje formułowaniem przypadku i opracowaniem odpowiedniego planu leczenia, który może obejmować interwencje poznawcze, aby kwestionować lękliwe myśli, techniki relaksacji do radzenia sobie z fizycznymi odczuciami lęku i strategie radzenia sobie z konkretnymi czynnikami stresowymi.

Ten przykład pokazuje, jak dogłębne zbieranie informacji podczas początkowej oceny pomaga w uzyskaniu ogólnego obrazu trudności osoby, co pomaga kierować procesem terapeutycznym i dostosować podejście do leczenia.

W przypadku auto-terapii:

W przypadku auto-terapii, zbieranie informacji odbywa się samodzielnie przez samą osobę. Może to być proces introspekcyjny, w którym osoba stara się zrozumieć swoje własne myśli, emocje, zachowania i wzorce myślowe. Oto kilka podejść, które można przyjąć podczas zbierania informacji w trakcie auto-terapii:

- **Prowadzenie dziennika:** Prowadzenie dziennika może być potężnym narzędziem do gromadzenia informacji o sobie. Regularne zapisywanie swoich myśli, emocji, reakcji na określone sytuacje, powtarzających się wzorców myślowych, osiągnięć i wyzwań może pomóc w lepszym zrozumieniu własnych wzorców poznawczych i zachowań.

- **Autoobserwacja:** Być świadomym samego siebie i obserwować swoje emocjonalne reakcje, automatyczne myśli i zachowania w różnych sytuacjach może dostarczyć wskazówek na temat ukrytych wzorców myślowych. Notowanie tych obserwacji, zarówno mentalnie, jak i pisemnie, może być pomocne do zdobycia perspektywy i analizy własnych reakcji.

- **Ocena objawów**: Korzystanie z kwestionariuszy online lub narzędzi samooceny do pomiaru swoich objawów może dostarczyć bardziej obiektywnego spojrzenia na swój stan emocjonalny i psychiczny. Istnieje wiele dostępnych online zasobów oferujących kwestionariusze do samooceny dotyczące konkretnych zaburzeń, takich jak lęk, depresja itp.

- **Badania i nauka:** Prowadzenie badań na temat teorii i koncepcji terapii poznawczo-behawioralnej może pomóc w zdobyciu wiedzy na temat schematów myślowych, technik restrukturyzacji poznawczej, adaptacyjnych zachowań itp. Ta wiedza może stanowić podstawę do lepszego zrozumienia własnych procesów myślowych i emocjonalnych.

Oto przykład konkretnej zbierania informacji podczas oceny wstępnej: Załóżmy, że rozpoczynasz terapię indywidualną w celu poprawy swojego poczucia własnej wartości. Możesz postępować zgodnie z poniższymi krokami, aby zbierać odpowiednie informacje:

1. **Autoobserwacja** : Poświęć czas na obserwację swoich myśli, emocji i zachowań związanych z poczuciem własnej wartości. Zanotuj chwile, w których się krytykujesz, odczuwasz niskie poczucie wartości lub masz trudności z przyjmowaniem komplementów. Na przykład: Zauważasz, że za każdym razem, gdy popełnisz błąd lub nie spełnisz oczekiwań, które sobie ustawiasz, surowo siebie krytykujesz i mówisz sobie rzeczy takie jak *"Jestem tak głupi/a"* lub *"Nigdy nie jestem*

wystarczająco dobry/a". Zanotuj te chwile, kiedy siebie krytykujesz, i jak to wpływa na twój nastrój i pewność siebie.

2. **Refleksja nad historią osobistą :** Przemyśl przeszłe doświadczenia, które mogły wpłynąć na Twoje poczucie wartości. Zidentyfikuj momenty, w których być może otrzymywałeś negatywne lub krytyczne komunikaty od innych ludzi, lub gdy wydarzenia miały wpływ na Twoją pewność siebie. Na przykład: Pamiętasz swoje doświadczenia z okresu nastolatka, kiedy byłeś nękany w szkole. Ciągłe negatywne komentarze i krytyka wpłynęły na Twoje poczucie własnej wartości i zasiały wątpliwości co do Twoich umiejętności i wartości osobistej.

3. **Analiza myśli automatycznych :** Zidentyfikuj negatywne myśli automatyczne, które pojawiają się, gdy oceniasz siebie lub kiedy stajesz w obliczu sytuacji zagrażających Twojemu poczuciu wartości. Zanotuj te myśli i spróbuj zrozumieć powtarzające się wzorce myślenia, które przyczyniają się do niskiego poczucia własnej wartości. Na przykład: Gdy stajesz przed sytuacją, w której musisz publicznie się wypowiedzieć, zauważasz, że pojawiają się negatywne myśli automatyczne, takie jak *"Inni będą mnie oceniać"* lub *"Popełnię błąd, a wszyscy to zobaczą".* Zapisz te myśli i zrozum, że przyczyniają się one do niskiego poczucia własnej wartości i społecznego lęku.

4. **Ocena zachowań :** Obserwuj, jak Twoje poczucie wartości wpływa na Twoje zachowania. Na przykład zauważ, czy unikasz określonych sytuacji czy też angażujesz się w zachowania perfekcjonistyczne, próbując zrekompensować niską samoocenę. Na przykład: Unikasz spotkań grupowych w pracy i unikasz istotnych interakcji społecznych, co ogranicza Twoje możliwości rozwoju osobistego i zawodowego.

5. **Identyfikacja wpływów zewnętrznych :** Zastanów się, jaki wpływ ma Twój społeczny i kulturowy otoczenie na Twoje poczucie wartości. Weź pod uwagę normy społeczne, oczekiwania rodzinne, toksyczne relacje lub stałe porównywanie się z innymi. Na przykład: Przemyślasz normy społeczne i oczekiwania rodziny, które mogą wpływać na Twoje poczucie wartości. Zauważasz, że Twoja rodzina zawsze ceniła

osiągnięcia w nauce i pracy zawodowej, co tworzy stałą presję, aby być doskonałym i odnosić sukcesy we wszystkim, co robisz.

6. **Rozpoznanie zasobów** : Identyfikuj wewnętrzne i zewnętrzne zasoby, które mogą wspierać Twoją samoocenę. Może to obejmować Twoje umiejętności, osiągnięcia w przeszłości, wsparcie bliskich przyjaciół lub mentorów, lub działania, które sprawiają Ci satysfakcję. Na przykład: Zauważasz, że masz zaufanego przyjaciela, z którym możesz dzielić się swoimi uczuciami i obawami, a który wspiera Cię bezwarunkowo. Zauważasz także, że rozwinąłeś umiejętności i osiągnięcia w swojej karierze, które świadczą o Twojej wartości i zdolnościach.

Gromadząc te informacje, możesz zacząć tworzyć klarowny obraz swojej samooceny i czynników wpływających na Twoją pewność siebie. To zrozumienie może stanowić podstawę do opracowywania strategii samoterapii, takich jak restrukturyzacja poznawcza w celu zakwestionowania negatywnych myśli, eksperymentowanie behawioralne w celu wzmocnienia Twojej samooceny i eksplorowanie nowych działań, które promują lepszy obraz siebie.

W przypadku terapii samodzielnej należy zdawać sobie sprawę, że wsparcie ze strony wykwalifikowanego specjalisty ds. zdrowia psychicznego może być korzystne w prowadzeniu procesu terapeutycznego. Profesjonalista może dostarczyć zewnętrznych perspektyw, porad i spersonalizowanych strategii, które mogą ułatwić proces zdrowienia. Jeśli to możliwe, zaleca się skonsultowanie się z profesjonalistą w celu uzyskania dodatkowego i rzetelnego wsparcia.

3.2 Tworzenie koncepcji przypadku

Tworzenie koncepcji przypadku to kluczowy etap terapii poznawczo-behawioralnej (CBT), który polega na zintegrowaniu zebranych informacji podczas oceny, aby stworzyć ogólną koncepcję przypadku. Tworzenie koncepcji przypadku pomaga zidentyfikować schematy myślowe, fundamentalne przekonania, automatyczne myśli, emocje i zachowania, które przyczyniają się do trudności osoby. Oto ogólne kroki tworzenia koncepcji przypadku w CBT:

1. **Synteza informacji:** Terapeuta analizuje zebrane dane podczas oceny, w tym informacje uzyskane podczas wywiadów, wyniki kwestionariuszy i ocen, obserwacje oraz historię medyczną i psychologiczną. Szuka tematów i powtarzających się wzorców w tych informacjach.

2. **Identyfikacja schematów myślowych i fundamentalnych przekonań:** Terapeuta identyfikuje schematy myślowe i fundamentalne przekonania, które wydają się odgrywać kluczową rolę w trudnościach osoby. Schematy te mogą być negatywne, irracjonalne lub dysfunkcyjne i mogą przyczyniać się do negatywnych emocji i problemowych zachowań.

3. **Hipotetyczna formulacja:** Terapeuta opracowuje hipotetyczną formulację przypadku, która jest spójnym opisem wzorców myślowych, fundamentalnych przekonań, myśli automatycznych, emocji i zachowań wzajemnie powiązanych. Ta formulacja podkreśla związki między tymi różnymi elementami i wyjaśnia, jak się one wzajemnie wzmacniają.

4. **Walidacja formulacji z osobą:** Terapeuta dzieli się hipotetyczną formulacją z osobą i omawia ją razem. To etap współpracy, w którym osoba jest zachęcana do dostarczenia dodatkowych informacji, zatwierdzenia lub wyjaśnienia aspektów formulacji. Ten etap ma na celu uzyskanie wspólnego zrozumienia i wzmocnienie współpracy terapeutycznej.

5. **Wykorzystanie formulacji do kierowania leczeniem:** Formulacja przypadku jest używana jako przewodnik do opracowania indywidualnego planu leczenia. Pomaga terapeucie wybrać odpowiednie interwencje poznawcze i behawioralne, aby zasiać w myślach, fundamentalnych przekonaniach, emocjach i zachowaniach, które zostały zidentyfikowane jako problematyczne.

Formulacja przypadku w TCC pozwala stworzyć ogólny obraz trudności danej osoby, skupiając się na procesach poznawczych i behawioralnych, które przyczyniają się do jej problemów. Daje solidne podstawy do spersonalizowania leczenia i kierowania konkretnymi interwencjami.

Oto konkretny przykład ilustrujący opracowanie formulacji przypadku:
Załóżmy, że konsultujesz się z terapeutą w związku z objawami depresji. Oto, jak terapeuta mógłby opracować formulację twojego przypadku:

1. **Identyfikacja schematów myślowych:** Terapeuta zauważa, że masz negatywne schematy myślowe, takie jak rumination, pesymistyczne myślenie i auto-deprecjonowanie. Na przykład, masz tendencję do skupiania się na swoich przeszłych porażkach, ciągłego krytykowania siebie i przewidywania najgorszego w różnych sytuacjach.

2. **Eksploracja podstawowych przekonań:** Terapeuta bada twoje podstawowe przekonania o sobie, innych i świecie. Odkrywa, że masz ukryte przekonanie, zgodnie z którym jesteś wrodzenie niegodny miłości i szczęścia, a inni ludzie są zawsze osądzani i wrogo nastawieni. Te przekonania wpływają na twoją samoocenę i postrzeganie relacji społecznych.

3. **Analiza myśli automatycznych:** Terapeuta identyfikuje negatywne myśli automatyczne, które pojawiają się, gdy czujesz się przygnębiony. Na przykład, gdy doświadczasz niewielkiego zawodu, automatycznie myślisz: "Jestem totalną porażką" lub "Wszystko jest moją winą". Te myśli automatyczne wzmacniają twoje uczucia depresji i nasilają negatywne emocje.

4. **Ocena emocji:** Terapeuta analizuje emocje towarzyszące twojej depresji, takie jak smutek, utrata zainteresowań, zmęczenie i drażliwość. Obserwuje, jak te emocje wpływają na twoje zachowanie, takie jak zmniejszone zaangażowanie w aktywności, wycofanie społeczne i zaburzenia snu.

Łącząc te różne informacje, terapeuta może opracować formułowanie przypadku w następujący sposób:

"Głównym problemem jest depresja, która jest wpływana przez negatywne schematy myślowe, takie jak rumination, pesymistyczne myśli i auto-deprecjonowanie. Te schematy myślowe są napędzane przez podstawowe przekonania, że jesteś wewnętrznie niegodny miłości i szczęścia, a inni są

To sformułowanie przypadku pozwala terapeucie zrozumieć wzorce myślowe, podstawowe przekonania, automatyczne myśli, emocje i powiązane zachowania, które przyczyniają się do Twojej depresji. Na podstawie tego zrozumienia terapeuta może opracować spersonalizowany plan leczenia, który obejmuje interwencje kognitywne mające na celu kwestionowanie negatywnych wzorców myślowych, strategie behawioralne mające na celu zwiększenie zaangażowania w przyjemne działania i techniki modyfikacji przekonań w celu zmiany podstawowych przekonań

W przypadku auto-terapii:

Załóżmy, że chcesz pracować nad swoim lękiem społecznym, który pojawia się, gdy jesteś w obecności nowych osób lub w sytuacjach społecznych. Oto, jak możesz opracować sformułowanie swojego przypadku:

1. **Identyfikacja schematów myślowych:** Zauważasz, że masz negatywne schematy myślowe, które przyczyniają się do Twojego lęku społecznego. Na przykład, masz tendencję do myślenia, że inni ciągle cię oceniają, lub że musisz być doskonały/a, aby być akceptowanym/a. Te schematy myślowe wzmacniają twój lęk i skłaniają cię do unikania sytuacji społecznych.

2. **Eksploracja podstawowych przekonań:** Rozważasz podstawowe przekonania, które leżą u podstaw twojego lęku społecznego. Na przykład możesz wierzyć, że twoja wartość osobista zależy od akceptacji innych, lub że musisz być kochany/a przez wszystkich, aby czuć się dobrze w swojej skórze. Te przekonania wpływają na twoje postrzeganie siebie i innych w sytuacjach społecznych.

3. **Analiza automatycznych myśli:** Rozpoznajesz negatywne automatyczne myśli, które pojawiają się, gdy masz do czynienia z sytuacją społeczną. Na przykład, kiedy wchodzisz do pokoju pełnego nieznajomych, automatycznie myślisz: *"Wszyscy mnie oceniają i*

uważają za nudnego/a". Te automatyczne myśli nasilają twój lęk
społeczny i mogą skłonić cię do unikania takich sytuacji.

4. **Ocena emocji:** Rozpoznajesz emocje towarzyszące twojemu lękowi
   społecznemu, takie jak nerwowość, strach przed odrzuceniem czy
   poczucie dyskomfortu. Zauważasz również, w jaki sposób te emocje
   wpływają na twoje zachowanie, na przykład unikanie spotkań
   społecznych lub milczenie podczas rozmów.

**Integrując te różne informacje, możesz sformułować swój przypadek w
następujący sposób:**

> *"Moim głównym problemem jest lęk społeczny, który jest podtrzymywany przez
> negatywne schematy myślowe, takie jak stałe osądzanie innych i wymaganie
> doskonałości. Te schematy myślowe mają swoje źródło w fundamentalnych
> przekonaniach, zgodnie z którymi moja wartość osobista zależy od aprobaty
> innych i muszę być kochany/a przez wszystkich, aby czuć się dobrze w swojej
> skórze. Te negatywne myśli automatyczne pojawiają się, gdy jestem stawiany/a
> w sytuacjach społecznych i wzmacniają mój lęk. Objawia się to emocjami takimi
> jak nerwowość, strach przed odrzuceniem i dyskomfort, co skłania mnie do
> unikania spotkań społecznych lub milczenia podczas rozmów."*

To sformułowanie przypadku daje Ci ogólny wgląd w Twoje trudności z lękiem
społecznym i podkreśla wzajemne powiązania między schematami
myślowymi, fundamentalnymi przekonaniami, myślami automatycznymi,
emocjami i zachowaniami, które odgrywają rolę w Twoim doświadczeniu. Na
tej podstawie możesz rozważyć konkretne strategie auto-terapeutyczne, aby
kwestionować negatywne schematy myślowe, zmieniać ukryte przekonania i
rozwijać umiejętności społeczne, aby lepiej radzić sobie z lękiem w sytuacjach
społecznych.

Solidna formulacja przypadku stanowi podstawę dla spersonalizowanego i
efektywnego planu leczenia. Przewodniczy terapeucie w wyborze konkretnych
interwencji, celów terapeutycznych i strategii monitorowania. Formulacja
przypadku jest również cennym narzędziem do wspólnego zrozumienia
między terapeutą a pacjentem, co sprzyja współpracy i zaangażowaniu w
proces terapeutyczny.

Techniki kognitywne

Techniki kognitywne stanowią centralny element terapii behawioralnej i poznawczej. Ich celem jest identyfikacja, ocena i modyfikacja negatywnych lub irracjonalnych myśli automatycznych, które przyczyniają się do problematycznych emocji i zachowań. Oto kilka powszechnie stosowanych technik kognitywnych:

4.1 Identyfikacja myśli automatycznych

Identyfikacja myśli automatycznych polega na uświadomieniu sobie myśli, które spontanicznie pojawiają się w odpowiedzi na daną sytuację. Te myśli mogą być pozytywne, negatywne lub neutralne. W kontekście terapii poznawczo-behawioralnej szczególną uwagę zwraca się na negatywne myśli automatyczne, które przyczyniają się do negatywnych emocji.

Terapeuta zachęca pacjenta do obserwowania i zapisywania swoich myśli automatycznych w określonych sytuacjach. Może to być zrobione za pomocą dziennika myśli lub nagrywania myśli. Celem jest uświadomienie sobie powtarzających się wzorców myślowych i rozpoczęcie ich obiektywnej analizy.

Przykład sytuacji: Otrzymałeś negatywny komentarz dotyczący projektu, który przedstawiłeś podczas spotkania biznesowego. Czujesz się obniżony/a i myślisz, że jesteś całkowitą porażką.

- **Identyfikacja myśli automatycznych:** Proszę poświęcić chwilę na zapisanie swoich myśli automatycznych w tej sytuacji:
- **Myśli automatyczne:** "Jestem całkowitą porażką", "Nikt mnie nie traktuje poważnie", "Nie jestem kompetentny/a".

Arkusz praktyczny - Identyfikacja myśli automatycznych:

1. Zidentyfikuj konkretne sytuacje, w których odczuwasz negatywne emocje.
2. Zapisz myśli automatyczne, które przychodzą Ci do głowy w tej sytuacji.

3. Bądź świadomy/a powtarzających się schematów myślowych lub
    wspólnych tematów.

4.2 Ocena myśli automatycznych

Po zidentyfikowaniu myśli automatycznych ważne jest ich realistyczne
ocenienie. Zadaniem jest przeanalizowanie ważności i trafności negatywnych
myśli automatycznych. Często takie myśli opierają się na błędach
poznawczych, błędach w myśleniu lub negatywnych interpretacjach siebie,
innych lub świata.

Terapeuta pomaga pacjentowi kwestionować swoje myśli automatyczne,
szukając dowodów na ich korzyść i na ich niekorzyść. Pytania takie jak "Jakie
dowody potwierdzają tę myśl?" lub "Czy istnieją dowody ją obalające?" są
zadawane w celu obiektywnej oceny myśli automatycznych.

Na przykład: Teraz przeanalizujmy myśli automatyczne i oceniajmy je
realistycznie, szukając dowodów za i przeciw tym myślom:

- **Dowody za:** Negatywny komentarz dotyczył tylko tego projektu,
  mogę się nauczyć z tej sytuacji.
- **Dowody przeciw:** W przeszłości otrzymywałem/am komplementy za
  swoją pracę, mam umiejętności i wiedzę w mojej dziedzinie.

Karta pracy - Ocena myśli automatycznych:

- Wybierz negatywną myśl automatyczną, którą
  zidentyfikowałeś/zidentyfikowałaś.
- Szukaj dowodów popierających tę myśl.
- Szukaj dowodów przeczących tej myśli.
- Oceniaj dowody obiektywnie i oceniaj, czy myśl jest realistyczna i
  uzasadniona.

4.3 Restructuration cognitive

Retransformacja kognitywna ma na celu zastąpienie negatywnych myśli
automatycznych bardziej adaptacyjnymi i rzeczywistymi myślami. To aktywny

proces przekształcania schematów myślowych, aby sprzyjać pozytywnym emocjom i zdrowym zachowaniom.

Terapeuta pomaga pacjentowi zrozumieć sprzeczne lub alternatywne dowody na rzecz jego negatywnych myśli automatycznych. Wykorzystuje się techniki takie jak przekształcanie, poszukiwanie dowodów, zmiana etykiety lub stosowanie afirmacji pozytywnych, aby pomóc pacjentowi rozwijać nowe perspektywy i sposoby myślenia.

Na przykład: Teraz zastąp negatywne myśli automatyczne bardziej adaptacyjnymi i rzeczywistymi myślami:

- **Pensées restructurées :** *"Komentarz negatywny był specyficzny dla tego projektu, nie podważa to moich ogólnych umiejętności", "Dostałem pochwały w przeszłości, mogę się nauczyć z tej sytuacji i się poprawić".*

Ficha praktyczna - Retransformacja kognitywna:

1. Wybierz negatywną myśl automatyczną, którą chcesz przekształcić.
2. Zidentyfikuj sprzeczne lub alternatywne dowody na korzyść tej myśli.
3. Przekształć automatyczną myśl w bardziej dostosowaną i realistyczną.
4. Regularnie powtarzaj nowe myśli, aby je wzmocnić.

4.4 Szkolenie w zakresie umiejętności rozwiązywania problemów

Trening umiejętności rozwiązywania problemów to technika poznawcza, która ma na celu pomóc pacjentom rozwijać praktyczne umiejętności radzenia sobie z codziennymi trudnościami życiowymi. Ta technika polega na identyfikowaniu konkretnych problemów, z którymi pacjent się boryka, generowaniu alternatywnych rozwiązań, ocenie zalet i wad każdego rozwiązania oraz wdrożeniu najlepszego rozwiązania.

Na przykład : Aby poradzić sobie z tą sytuacją, można skorzystać z treningu umiejętności rozwiązywania problemów :

- **Zidentyfikuj problem:** Otrzymanie negatywnego komentarza na temat projektu.
- **Generuj alternatywne rozwiązania:** Zamiast tego, myśl o tym, co można zrobić, aby poprawić projekt lub inne możliwe działania.
- **Oceń zalety i wady każdego rozwiązania:** Rozważ, jakie korzyści i potencjalne problemy mogą wyniknąć z każdej z alternatyw.
- **Wprowadź najlepsze rozwiązanie w życie:** Po analizie wybierz najlepszą alternatywę i podjęte działania, aby rozwiązać problem.

Praktyczny arkusz - Trening umiejętności rozwiązywania problemów:

1. Zidentyfikuj konkretny problem, który chcesz rozwiązać.
2. Wygeneruj kilka alternatywnych rozwiązań.
3. Ocenić zalety i wady każdego rozwiązania.
4. Wdroż najlepsze rozwiązanie i oceniaj wyniki.

Korzystając z tych technik poznawczych i regularnie się szkoląc, możesz stopniowo wykształcić bardziej realistyczne i pozytywne podejście, kwestionować negatywne myśli automatyczne i przyjąć bardziej dostosowane i realistyczne myśli.

Te techniki poznawcze są potężnymi narzędziami stosowanymi w terapii behawioralnej i poznawczej, które pomagają jednostkom rozpoznawać i zmieniać negatywne schematy myślowe. Identyfikując myśli automatyczne, oceniając je w sposób realistyczny, przekształcając je i rozwijając umiejętności rozwiązywania problemów, pacjenci mogą zdobyć bardziej pozytywne i realistyczne spojrzenie na świat, co prowadzi do zdrowszych emocji i bardziej adaptacyjnych zachowań.

Techniki behawioralne

Techniki behawioralne są innym istotnym aspektem terapii behawioralno-poznawczej. Ich celem jest modyfikacja problematycznego zachowania i promowanie zdrowszych i bardziej adaptacyjnych zachowań. Oto niektóre z powszechnie stosowanych technik behawioralnych:

5.1 Ekspozycja i zapobieganie reakcji

Ekspozycja i zapobieganie reakcji (EPR) to powszechnie stosowana technika w terapii poznawczo-behawioralnej w leczeniu zaburzeń lękowych, takich jak fobie, zaburzenia obsesyjno-kompulsyjne (ZOK) i zaburzenia stresu pourazowego (PTSD). Celem tej techniki jest pomóc osobom radzić sobie ze swoimi lękami i redukować swoją niepewność, stopniowo wystawiając się na sytuacje, które się obawiają, i zapobiegając unikaniu zachowań.

Oto konkretny przykład wykorzystania ekspozycji i zapobiegania reakcji:

Przykład sytuacji: Masz fobię przed pająkami, która ogranicza Twój codzienny życie. Boisz się pająków do tego stopnia, że wpadasz w panikę i robisz wszystko, co w Twojej mocy, żeby ich uniknąć.

1. **Tworzenie hierarchii lęków:** Ty i Twój terapeuta tworzycie hierarchiczną listę sytuacji związanych z Twoją fobią przed pająkami, zaczynając od tych, które wywołują lekkie uczucie niepokoju i przechodząc do tych, które wywołują intensywne lęki. Na przykład:

   - Obejrzenie zdjęcia pająka
   - Obejrzenie filmu z pająkiem
   - Obserwacja pająka w słoiku
   - Bycie w tym samym pomieszczeniu co pająk
   - Trzymanie pająka w dłoni

2. **Stopniowa ekspozycja :** Zaczynasz od najmniej stresującej sytuacji na twojej hierarchii, na przykład oglądając zdjęcie pająka, i pozostajesz świadomie w sytuacji, która wywołuje twoją niepewność, zamiast jej

unikać. Regularnie powtarzasz tę ekspozycję, aż twoje uczucie niepokoju znacznie się zmniejszy.

3. **Zapobieganie reakcji** : Podczas ekspozycji powstrzymujesz się od unikania lub podejmowania działań bezpieczeństwa, które mogą nasilać twoje lęki. Na przykład nie sprawdzasz, czy pająk faktycznie jest w pomieszczeniu, nie prosisz nikogo, aby go za ciebie zabił ani nie uciekasz, aby uniknąć sytuacji. Uczysz się tolerować dyskomfort i zdajesz sobie sprawę, że twój strach naturalnie mija z czasem.

4. **Postęp w hierarchii** : Kiedy czujesz się komfortowo w jednym z etapów ekspozycji, przechodzisz do następnego na twojej liście, stopniowo zwiększając trudność sytuacji, z którymi się stykasz. Nadal eksponujesz się i unikasz zachowań unikowych, aż będziesz w stanie stawić czoło bardziej stresującym sytuacjom bez nadmiernej niepewności.

5. **Konsolidacja postępów** : Z biegiem czasu zauważasz, że twoje uczucie niepokoju stopniowo maleje w miarę, jak się eksponujesz i unikasz zachowań unikowych. Zyskujesz pewność siebie w radzeniu sobie z lękiem przed pająkami i jesteś w stanie prowadzić bardziej funkcjonalne i satysfakcjonujące życie.

Eksponowanie i zapobieganie reakcji zwykle wymaga wsparcia i kierunku od wykwalifikowanego specjalisty ds. zdrowia psychicznego, aby upewnić się, że postępy są odpowiednie i bezpieczne. Niemniej jednak ważne jest, aby zaznaczyć, że ten przykład ma charakter wyłącznie ilustracyjny i nie zastępuje nadzorowanej terapii.

5.2 Aktywacja behawioralna

Aktywacja behawioralna to technika wykorzystywana w terapii poznawczo-behawioralnej do leczenia depresji i innych zaburzeń nastroju. Celem tej techniki jest stymulowanie przyjemnych i satysfakcjonujących zachowań w celu zwalczania apatii i bezczynności, które często towarzyszą depresji.

Oto konkretny przykład wykorzystania aktywacji behawioralnej:

Przykład sytuacji: Od pewnego czasu czujesz się przygnębiony/a i utrata zainteresowania aktywnościami, które kiedyś lubiłeś, takimi jak spotkania z przyjaciółmi, uprawianie sportu czy zajmowanie się hobby.

1. **Identyfikacja przyjemnych aktywności:** Zrób listę aktywności, które w przeszłości sprawiały ci przyjemność, nawet jeśli teraz nie wydają się ci atrakcyjne. Może to obejmować proste rzeczy, takie jak spacer, słuchanie relaksujących podcastów, czytanie książek, gotowanie itp.

2. **Tworzenie harmonogramu aktywności:** Stwórz tygodniowy harmonogram i zaplanuj konkretne chwile na przyjemne aktywności, które zidentyfikowałeś/łaś. Spróbuj wybrać przynajmniej jedną aktywność każdego dnia, nawet jeśli nie masz na nią ochoty. Celem jest stopniowe wprowadzanie przyjemnych aktywności do swojej rutyny.

3. **Działanie:** Aktywnie uczestnicz w zaplanowanych aktywnościach, nawet jeśli początkowo nie czujesz entuzjazmu. Zmusz się do uczestniczenia, pamiętając, że to część procesu leczenia depresji.

4. **Zapisywanie emocji i satysfakcji:** Po każdej aktywności zapisuj emocje, które odczuwałeś/łaś i chwile satysfakcji, które doświadczyłeś/łaś. To może ci pomóc zauważyć małe przyjemności i chwile satysfakcji, których mogłeś/mogłaś nie zauważyć, gdybyś pozostał/a bierny/a.

5. **Ocena i dostosowanie:** W miarę upływu czasu oceniaj swoje aktywności i dostosowuj harmonogram zgodnie z zmieniającymi się preferencjami. Nie wahaj się próbować nowych aktywności, aby poszerzyć swoje horyzonty i odkryć nowe źródła przyjemności.

Poprzez praktykowanie aktywacji behawioralnej, stopniowo możesz przerwać cykl bezczynności i depresji, wprowadzając z powrotem przyjemne aktywności do swojego życia. To może pomóc ci odzyskać poczucie satysfakcji, wzmocnić poczucie własnej wartości i poprawić nastrój ogólny.

5.3 Techniki relaksacyjne

Techniki relaksacyjne są skutecznymi narzędziami do redukcji stresu, lęku i promowania stanu spokoju i relaksu. Są one stosowane w różnych podejściach terapeutycznych, w tym w terapii poznawczo-behawioralnej, aby pomóc jednostkom w radzeniu sobie z emocjami i fizycznymi reakcjami na stres. Oto kilka z najczęściej stosowanych technik relaksacyjnych:

1. **Głęboki oddech :** Zajmij chwilę, aby usiąść wygodnie, zamknij oczy i skup się na swoim oddechu. Wdychaj głęboko przez nos, wypełniając brzuch, a następnie powoli wydychaj przez usta. Powtórz ten proces kilka razy, koncentrując się na oddechu, co może pomóc uspokoić układ nerwowy i zmniejszyć uczucia lęku. Oto jak to wykonać :

   - Znajdź spokojne miejsce, gdzie możesz wygodnie usiąść.
   - Zamknij oczy i skup się na swoim oddechu.
   - Wdychaj głęboko przez nos, licząc do czterech, czując jak brzuch się wypełnia.
   - Krótko zatrzymaj oddech, licząc do czterech.
   - Wydychaj powoli przez usta, licząc do czterech, czując jak brzuch się wypuszcza.
   - Powtórz ten proces głębokiego oddychania przez kilka minut, skupiając się na regularnym rytmie oddechu i pozwalając myślom rozprysnąć się bez przylegania do nich.

2. **Progresywna relaksacja mięśniowa :** Zacznij od leżenia lub wygodnego siedzenia. Napnij mięśnie jednej części ciała, na przykład ramion, a następnie całkowicie je rozluźnij, skupiając się na uczuciu relaksu. Następnie przejdź do innej części ciała, na przykład nóg, i powtórz proces, aż wszystkie grupy mięśni zostaną zrelaksowane. Ta technika może pomóc w rozluźnieniu napięć mięśniowych i promowaniu ogólnego uczucia relaksu. Oto jak to wykonać :

   - Połóż się lub usiądź wygodnie.
   - Zacznij od mięśni nóg. Napnij je przez kilka sekund, a następnie całkowicie je rozluźnij, czując rozluźnienie rozprzestrzeniające się.

- Stopniowo idź w górę po ciele, napinając i rozluźniając każdą grupę mięśniową, od nóg po głowę.
- Poświęć czas, aby poczuć relaks i odprężenie na każdym etapie.
- Zwróć uwagę na uczucia rozluźnienia i lekkości w mięśniach, gdy je rozluźniasz.

3. **Wizualizacja prowadzona :** Wyobraź sobie siebie w spokojnym i spokojnym miejscu, takim jak plaża lub ogród. Wizualizuj szczegóły tego miejsca, kolory, dźwięki i uczucia. Wprowadź się mentalnie do tego relaksującego otoczenia i pozwól swojej wyobraźni stworzyć uspokajające doświadczenie. Ta technika może pomóc odwrócić uwagę od stresu i wywołać stan głębokiego relaksu. Oto jak to wykonać :

- Usiądź wygodnie lub połóż się w cichym miejscu.
- Zamknij oczy i zacznij wyobrażać sobie spokojne i relaksujące miejsce, takie jak plaża lub ogród.
- Wizualizuj szczegóły tego miejsca, kolory, kształty, dźwięki i uczucia.
- Spróbuj w pełni zanurzyć się w tej mentalnej przygodzie, wykorzystując wszystkie zmysły.
- Pozostań w tym stanie prowadzonej wizualizacji tak długo, jak chcesz, skupiając się na uczuciach spokoju i relaksu

4. **Medytacja uważności :** Usiądź wygodnie i skup się na teraźniejszym momencie, nie oceniając pojawiających się myśli ani uczuć. Pozwól myślom przepływać, nie przylgnij do nich, skupiając się na swoim oddechu lub na uczuciach cielesnych. Medytacja uważności może pomóc w rozwijaniu stanu spokoju i obecności, redukując mentalne rozważania i sprzyjając relaksowi. Oto jak to praktykować :

- Usiądź w wygodnej pozycji, stopy na płaskiej podłodze, ręce na kolanach
- Zamknij oczy i zwróć uwagę na swój oddech. Zauważ ruch powietrza wchodzącego i wychodzącego z Twojego ciała.
- Pozwól myślom przepływać, nie przywiązuj się do nich, po prostu obserwuj je bez oceniania.

- Zwróć uwagę na swoje odczucia cielesne, takie jak uczucie kontaktu z krzesłem, uczucie napięcia lub rozluźnienia w różnych częściach ciała.

- Jeśli Twój umysł odchodzi od teraźniejszości, delikatnie skup się z powrotem na oddechu lub na odczuciach cielesnych.

Warto zaznaczyć, że każdy może mieć różne preferencje dotyczące technik relaksacyjnych. Przydatne może być eksperymentowanie z różnymi metodami, aby znaleźć te, które najlepiej Ci odpowiadają. Ponadto, zazwyczaj zaleca się regularne praktykowanie technik relaksacyjnych, aby w pełni korzystać z ich korzyści.

5.4 Szkolenie umiejętności społecznych

Trening umiejętności społecznych to technika wykorzystywana w terapii poznawczo-behawioralnej, która pomaga osobom poprawić swoje umiejętności interpersonalne i zdolności w relacjach społecznych. Może to być szczególnie korzystne dla osób mających trudności w nawiązywaniu kontaktów społecznych, efektywnym komunikowaniu się lub radzeniu sobie w trudnych sytuacjach społecznych. Oto praktyczny przewodnik dotyczący stosowania tej techniki:

1. **Identyfikacja umiejętności społecznych do rozwinięcia:** Zastanów się nad obszarami, w których chcesz poprawić swoje umiejętności społeczne. Mogą to być umiejętności takie jak aktywne słuchanie, komunikacja niewerbalna, rozwiązywanie konfliktów, radzenie sobie ze stresem społecznym, itp. Wybierz jedną lub dwie konkretne umiejętności, na których chciałbyś się najpierw skupić.

2. **Obserwacja i nauka :** Obserwuj osoby, które posiadają zdolności społeczne i umiejętności, które chcesz rozwijać. Zauważ ich zachowanie, wyraz twarzy, ton głosu i sposób komunikacji. Możesz to robić w rzeczywistych sytuacjach lub poprzez media, takie jak filmy czy nagrania wideo.

3. **Ćwiczenie umiejętności społecznych:** Zidentyfikuj sytuacje, w których możesz ćwiczyć swoje umiejętności społeczne. Zacznij od prostych i mało

stresujących sytuacji, a następnie stopniowo przechodź do bardziej skomplikowanych, gdy nabierzesz pewności siebie. Wciel się w sytuację i aktywnie zaangażuj się w wykorzystywanie umiejętności społecznych, które chcesz rozwijać. Na przykład, jeśli pracujesz nad aktywnym słuchaniem, skup się na uważnym słuchaniu, utrzymywaniu kontaktu wzrokowego, reformulowaniu informacji, itp.

4. **Ocena doświadczenia** : Po każdej interakcji społecznej poświęć czas na przemyślenie swojego występu. Zidentyfikuj aspekty, które dobrze zrealizowałeś, i te, nad którymi możesz popracować. Bądź życzliwy wobec siebie i doceniaj postępy, jakie osiągnąłeś. Wykorzystaj doświadczenia do dostosowania swojego podejścia oraz kontynuuj praktykowanie i rozwijanie swoich umiejętności społecznych.

5. **Trening stopniowy:** Kiedy poczujesz się pewnie w jednej umiejętności społecznej, przejdź do innej i kontynuuj stopniowe treningi. Dodawaj bardziej złożone i wymagające sytuacje w miarę postępów.

6. **Wsparcie i dodatkowe źródła:** Jeśli masz trudności z samodzielnym rozwojem umiejętności społecznych, rozważ udział w grupach wsparcia lub warsztatach skoncentrowanych na rozwoju umiejętności społecznych. Możesz także skonsultować się z specjalistą ds. zdrowia psychicznego specjalizującym się w terapii społecznej, aby uzyskać bardziej ukierunkowane wsparcie.

Techniki behawioralne są praktycznymi i skutecznymi narzędziami stosowanymi w terapii behawioralnej i kognitywnej, które pomagają jednostkom zmieniać problematyczne zachowania, rozwijać nowe umiejętności i poprawiać swoje samopoczucie emocjonalne. Czy to poprzez ekspozycję i zapobieganie odpowiedzi, aktywację behawioralną, techniki relaksacyjne czy trening umiejętności społecznych, te techniki oferują konkretne sposoby promowania pozytywnych zmian w zachowaniach i wspierają lepszą adaptację społeczną i emocjonalną.

Oto lista umiejętności społecznych, które możesz trenować:

1. Komunikacja werbalna :

✦ Aktywne słuchanie :

- **Przykładowe ćwiczenie:** Wybierz partnera i poświęć kilka minut na rozmowę na zadany temat (na przykład na temat twojej ostatniej podróży) W trakcie rozmowy praktykuj aktywne słuchanie, korzystając z następujących strategii:

    - ✓ Zadawaj otwarte pytania, takie jak "Jakie miejsca odwiedziłeś?" lub "Co najbardziej ci się podobało w twojej podróży?"
    - ✓ Okresowo podsumowuj, podając główne punkty omawiane przez swojego partnera.
    - ✓ Pokaż zainteresowanie, składając pozytywne komentarze, takie jak "To wydaje się niesamowite doświadczenie!" lub kiwnij głową, aby zachęcić partnera do kontynuowania.
    - ✓ Unikaj przerywania i pozwól swojemu partnerowi dokończyć zdania, nie przerywaj go.

✦ Jasne wyrażanie się:

- **Przykładowe ćwiczenie:** Wybierz konkretny temat lub sytuację i przygotuj krótką prezentację na ten temat. Praktykuj wyrażanie swoich pomysłów w sposób zwięzły i jasny, używając prostych zdań i unikając nadmiernych informacji lub dygresji. Ćwicz przekazywanie swojej wiadomości w sposób jasny i zrozumiały dla swojej publiczności.

    Na przykład: Temat: Moje wakacje letnie. Prezentacja: *"Podczas moich letnich wakacji, spędziłem dwie tygodnie na plaży z moją rodziną. Korzystaliśmy z słońca, pływaliśmy w morzu i robiliśmy długie spacery po piasku. To było relaksujące i miłe spędzanie czasu razem z daleka od codziennego stresu."* W tym przykładzie celem jest przekazanie w sposób zwięzły i jasny głównych informacji o wakacjach letnich. Skupiamy się na najważniejszych momentach i aktywnościach, unikając nadmiernych szczegółów. Poprzez praktykowanie tego rodzaju ćwiczeń, możesz poprawić swoją zdolność do przekazywania pomysłów w sposób zwięzły i zrozumiały.

Empatia:

- **Przykład ćwiczenia:** Wybierz partnera i porozmawiaj o osobistym doświadczeniu, które jest dla ciebie emocjonalnie ważne. W trakcie rozmowy praktykuj empatię, korzystając z poniższych technik:

  ✓ Bądź aktywnym słuchaczem, będąc uwagowy wobec jego emocji i trosk.

  ✓ Potwierdzaj emocje, używając takich zdań jak „Rozumiem, że to może być dla ciebie trudne" lub „Widzę, że to cię smuci".

  ✓ Wyraź swoje wsparcie, oferując słowa zachęty i wyrażając gotowość do pomocy, jeśli zajdzie taka potrzeba.

Celem tych ćwiczeń jest rozwijanie umiejętności komunikacji werbalnej, skupienie się na aktywnym słuchaniu, jasnym wyrażaniu myśli i empatii. Regularne praktykowanie tych umiejętności pozwoli poprawić twoje interakcje z innymi, sprzyja lepszemu wzajemnemu zrozumieniu i wzmacnia relacje interpersonalne.

2. Komunikacja niwerbalna:

Komunikacja niewerbalna odgrywa istotną rolę w naszych codziennych interakcjach. Uzupełnia język werbalny, przekazując subtelne informacje, takie jak emocje, zaangażowanie i zainteresowanie. Oto kilka kluczowych elementów komunikacji niewerbalnej oraz praktyczne wskazówki, jak je wdrożyć:

Mowa ciała:

  ✓ **Używaj gestów:** Gesty mogą wzmacniać przekaz werbalny i dodawać klarowności komunikacji. Na przykład, używaj gestów rękoma, aby zilustrować punkt lub pokazać rozmiar czegoś.

  ✓ **Przyjmij otwartą postawę:** Otwarta postawa z niezasadzonymi ramionami i lekkim pochyleniem ciała w kierunku osoby, z którą się komunikujesz, sygnalizuje otwartość, uwagę i zaangażowanie w interakcję.

➡ Kontakt wzrokowy:

- ✓ **Nawiąż kontakt wzrokowy:** Ustalenie odpowiedniego kontaktu wzrokowego z rozmówcą jest kluczowe, aby pokazać zainteresowanie i aktywne słuchanie. Patrzenie bezpośrednio w oczy drugiej osoby wzmacnia więź i wzajemne zrozumienie.
- ✓ **Utrzymuj kontakt wzrokowy:** Podczas rozmowy regularnie utrzymuj kontakt wzrokowy, aby wyrazić swoje zaangażowanie i obecność. Jednak unikaj zbyt intensywnego kontaktu wzrokowego, co może być postrzegane jako naruszenie prywatności.

➡ Wyrazy twarzy:

- ✓ **Używaj odpowiednich wyrazów twarzy:** Wyrazy twarzy przekazują emocje i intencje. Postaraj się dopasować swoje wyrazy twarzy do przekazywanej wiadomości. Na przykład, uśmiechaj się, gdy jesteś radosny lub zainteresowany, a przyjmij poważniejszy wyraz twarzy podczas poważnych lub trudnych rozmów.
- ✓ **Bądź świadomy swojego wyrazu twarzy:** Upewnij się, że twój wyraz twarzy jest zgodny z przekazywaną wiadomością. Czasem sprzeczne wyrazy twarzy mogą prowadzić do dezorientacji lub błędnej interpretacji twojej komunikacji.

Warto zaznaczyć, że komunikacja niewerbalna może różnić się w zależności od kultury, osoby i kontekstu. Dlatego ważne jest, aby obserwować i dostosowywać się do norm i sygnałów niewerbalnych charakterystycznych dla danej sytuacji.

Poprzez skuteczną komunikację niewerbalną możesz wzmocnić swoje interakcje, poprawić wzajemne zrozumienie i nawiązać głębsze relacje z innymi. Bądź świadomy swojego języka ciała, kontaktu wzrokowego i wyrazów twarzy, które używasz, i dostosowuj je do potrzeb każdej sytuacji.

3. <u>Rozwiązywanie problemów społecznych:</u>

+ **Umiejętności rozwiązywania konfliktów:** Identyfikowanie źródeł konfliktu, poszukiwanie rozwiązań obopólnie korzystnych i negocjowanie kompromisów w celu rozwiązania sporów.

Oto praktyczny arkusz z przykładem umiejętności rozwiązywania konfliktów:

1. Identyfikuj źródła konfliktu:

Przykład: Wyobraź sobie sytuację, w której ty i twój kolega macie różne opinie na temat sposobu organizacji spotkania zespołu. Zajmijcie chwilę, aby zidentyfikować różne źródła konfliktu, takie jak różnice w priorytetach, style pracy czy osobiste preferencje.

2. Poszukiwanie wzajemnie korzystnych rozwiązań:

Przykład: W przypadku spotkania zespołu omów sprawę ze swoim kolegą, aby znaleźć rozwiązania, które zaspokoją potrzeby obu stron. Na przykład możesz zaproponować podzielenie spotkania na dwie części, integrując priorytetowe elementy każdej strony w porządku obrad.

3. Negocjować kompromisy:

Przykład: Jeśli Ty i Twój kolega nie możecie osiągnąć pełnego porozumienia, poszukajcie kompromisów, które pozwolą każdemu dokonać ustępstw, jednocześnie osiągając satysfakcjonujący wynik. Na przykład możesz zgodzić się na przyjęcie niektórych elementów podejścia swojego kolegi, jednocześnie dbając o uwzględnienie swoich priorytetów.

Celem tych przykładów jest zilustrowanie, jak zastosować umiejętności rozwiązywania konfliktów w konkretnych sytuacjach. Identyfikując źródła konfliktu, szukając rozwiązań wzajemnie korzystnych i negocjując kompromisy, można osiągnąć satysfakcjonujące rozwiązanie i zachować harmonijne relacje z innymi.

✦ <u>**Umiejętności w asertywności:**</u>

Być asertywnym oznacza umiejętność wyrażania swoich potrzeb, opinii i granic w sposób jasny, szanujący oraz efektywny. Obejmuje to również rozpoznawanie i szanowanie potrzeb oraz praw innych osób.

Oto krok po kroku przewodnik po rozwijaniu umiejętności asertywności:

Krok 1: Identyfikacja potrzeb, opinii i ograniczeń

Zastanów się nad swoimi potrzebami, opiniami i ograniczeniami dotyczącymi konkretnej sytuacji. Na przykład, możesz zidentyfikować potrzebę czasu dla siebie, opinię o ważności swojego wkładu lub ograniczenie dotyczące niechęci do ciągłych przerywań w pracy.

Krok 2: Wyraźność i konkretne wyrażenie

Sformułuj swoje potrzeby, opinie i ograniczenia w sposób jasny i konkretny. Unikaj ogólników i bądź precyzyjny w swojej komunikacji. Na przykład, zamiast mówić "Chcę więcej wolnego czasu", możesz powiedzieć "Potrzebuję dwie godziny dziennie, aby się zrelaksować i naładować energię".

Krok 3: Wzajemny szacunek

Upewnij się, że Twoja komunikacja uwzględnia potrzeby i prawa innych. Unikaj narzucania swoich potrzeb innym i szukaj rozwiązań, które uwzględniają wszystkie interesy obecne. Na przykład, jeśli potrzebujesz czasu dla siebie, zaproponuj rozwiązanie, które pozwoli również drugiej osobie zaspokoić jej potrzeby, takie jak znalezienie wspólnego okna czasowego, które będzie działać dla obu stron.

Krok 4: Używanie "ja" i asertywność

Korzystaj z zdań rozpoczynających się od "ja", aby wyrazić swoje potrzeby, opinie i ograniczenia. To pozwala uniknąć oskarżeń lub krytyki innych osób i sprawia, że Twoja komunikacja jest odpowiedzialna. Na przykład powiedz *"Czuję potrzebę podzielenia się swoją opinią na ten temat"*, zamiast *"Ty nigdy mnie nie słuchasz"*.

Krok 5: Komunikacja niewerbalna

Upewnij się, że twój język ciała i ton głosu odzwierciedlają twoją asertywność. Zachowaj proste ciało, utrzymuj odpowiedni kontakt wzrokowy i używaj spokojnego i pewnego tonu głosu.

Krok 6: Trening i praktyka

Asertywność to umiejętność, która rozwija się wraz z praktyką. Szukaj okazji do trenowania asertywności w rzeczywistych sytuacjach. Zacznij od mniej stresujących sytuacji i stopniowo przechodź do bardziej skomplikowanych, gdy nabierzesz pewności siebie.

Na przykład, wyobraźmy sobie, że potrzebujesz więcej czasu dla siebie wieczorem po pracy. Oto, jak możesz zastosować kroki:

- **Krok 1:** Zidentyfikuj swoją potrzebę: potrzebujesz czasu na relaks i na naładowanie energii po dniu pracy.
- **Krok 2 :** Bądź jasny(i) i konkretny(i): wyraź, że potrzebujesz 30 minut spokoju każdego wieczoru, aby się zrelaksować.
- **Krok 3 :** Wzajemny szacunek: Zaproponuj rozwiązanie, które również uwzględnia potrzeby Twojego partnera lub rodziny, na przykład uzgodnijcie godzinę, w której możesz mieć swoją chwilę spokoju, nie przeszkadzając innym w ich działaniach.
- **Krok 4 :** Wykorzystaj asertywność: Powiedz "Potrzebuję 30 minut spokoju każdego wieczoru, aby się zrelaksować i naładować energię. Czy byłoby możliwe znalezienie dogodnego momentu dla wszystkich?"
- **Krok 5 :** Upewnij się, że twoja komunikacja niewerbalna jest zgodna z twoją wiadomością. Zachowaj kontakt wzrokowy, otwartą postawę i używaj pewnego tonu głosu. Krok 6: Regularnie praktykuj tę asertywną komunikację, aby wzmocnić swoje umiejętności asertywności.

Rozwijając swoje umiejętności asertywności, będziesz w stanie skutecznie i szanująco komunikować swoje potrzeby, opinie i granice, wspierając równowagę i satysfakcję w relacjach z innymi.

↓ Zarządzanie krytyką:

Akceptowanie konstruktywnej krytyki w sposób nieobronny, rozpoznawanie okazji do nauki i unikanie impulsywnych lub agresywnych reakcji.

Praktyczna instrukcja: Zarządzanie krytyką

Zarządzanie krytyką to cenna umiejętność, która pozwala na przyjmowanie konstruktywnej krytyki bez obrony i przekształcanie tych uwag w okazje do nauki. Oto krok po kroku przewodnik, jak rozwijać tę umiejętność:

Krok 1: Przyjmowanie krytyki bez impulsem reakcji

Kiedy otrzymujesz krytykę, zrób sobie krótką przerwę umysłową, aby uniknąć natychmiastowej obronnej lub agresywnej reakcji. Wzburz się głęboko i zastanów się chwilę przed odpowiedzią. **Przykład:** Kolega z pracy zauważa, że mogłabyś/mógłbyś poprawić organizację podczas spotkań zespołu.

Krok 2: Aktywne słuchanie i pozostawanie otwartym

Słuchaj krytyki uważnie, nie przerywaj. Bądź otwarty na perspektywę drugiej osoby i gotów/j gotowa zrozumieć jej punkt widzenia. **Przykład:** Słuchaj uważnie sugestii swojego kolegi dotyczących organizacji spotkań i próbuj zrozumieć, dlaczego sądzi, że można wprowadzić poprawki.

Krok 3: Rozpoznawanie okazji do nauki

Traktuj krytykę jako okazję do nauki i rozwoju. Zrozum, że nawet konstruktywna krytyka może pomóc ci poprawić się i rozwijać nowe umiejętności. **Na przykład:** Akceptuj, że lepsza organizacja spotkań może poprawić twoją efektywność i produktywność.

Krok 4: Zadawaj pytania w celu wyjaśnienia

Jeśli potrzebujesz więcej szczegółów lub wyjaśnień dotyczących krytyki, śmiało zadawaj pytania w sposób szanujący, aby lepiej zrozumieć oczekiwania i sugestie drugiej osoby. **Na przykład:** Zapytaj kolegę, jakie konkretnie aspekty organizacji spotkań uważa, że możesz poprawić.

Krok 5: Odpowiedz konstruktywnie

Po wysłuchaniu i zrozumieniu krytyki, odpowiedz w sposób konstruktywny i szanujący. Wyjaśnij, jak zamierzasz wykorzystać tę krytykę do poprawy. **Na przykład:** Odpowiedz koledze, mówiąc: "Dziękuję za Twoją opinię. Wezmę pod uwagę Twoje sugestie i będę pracować nad lepszą organizacją naszych przyszłych spotkań. Doceniam Twoją pomoc w zwiększeniu efektywności naszego zespołu."

Krok 6: Śledzenie i wdrażanie zmian

Upewnij się, że śledzisz, w jaki sposób wykorzystujesz krytykę do wprowadzenia pozytywnych zmian. Pokaż, że wyciągnąłeś naukę z krytyki, wprowadzając konkretne działania. **Na przykład:** Podczas kolejnych spotkań zespołu zastosuj sugestie swojego kolegi, przyjmując bardziej zorganizowane podejście i zachęcając do udziału wszystkich członków zespołu.

Rozwijając umiejętności zarządzania krytyką, będziesz w stanie przyjmować konstruktywne uwagi bez obrony i czerpać z nich korzyści, poprawiając się. Otwarte i receptywne podejście pozwoli Ci przekształcić krytykę w możliwości nauki oraz wzmocni Twoje umiejętności zarówno zawodowe, jak i osobiste.

4. Umiejętności międzyludzkie :

+ **Tworzenie i utrzymywanie przyjaźni :**

Inicjowanie i utrzymywanie przyjacielskich relacji, wykazywanie zainteresowania i zaangażowania w stosunku do innych oraz regularne utrzymywanie komunikacji.

Praktyczny przewodnik: Tworzenie i utrzymywanie przyjaźni

Umiejętności międzyludzkie są niezbędne do tworzenia i utrzymywania zdrowych przyjaźni. Oto krok po kroku przewodnik po rozwijaniu tych umiejętności:

Krok 1: Inicjowanie przyjacielskich relacji

Okazuj zainteresowanie innymi: Zadawaj otwarte pytania, aby dowiedzieć się więcej o ludziach i ich życiu. Wyraź prawdziwe zainteresowanie tym, co mają do powiedzenia. Przykład: Kiedy spotykasz kogoś po raz pierwszy, zapytaj go o jego zainteresowania lub pasje.

Krok 2: Ustanowienie regularnej komunikacji

Zachowuj regularny kontakt: Zainicjuj regularne rozmowy z przyjaciółmi. Korzystaj z różnych środków komunikacji, takich jak rozmowy telefoniczne, wiadomości tekstowe czy spotkania osobiste. Przykład: Zadzwoń do przyjaciela, aby się z nim skontaktować i regularnie rozmawiać.

Krok 3: Okazuj zainteresowanie i zaangażowanie

Bądź uważny i empatyczny: Aktywnie słuchaj i okazuj empatię wobec swoich przyjaciół. Pokaż, że dbasz o ich uczucia i doświadczenia. Przykład: Kiedy twój przyjaciel dzieli się zmartwieniem lub sukcesem, okazuj empatię i zadawaj pytania, aby dowiedzieć się więcej.

Krok 4: Dziel się jakościowym czasem

Twórz okazje do spędzania czasu razem: Planuj przyjemne aktywności i dzielcie razem wartościowy czas z przyjaciółmi. Organizujcie wyjścia, kolacje lub wspólne zajęcia, które wzmacniają więzi. Przykład: Zaproście przyjaciół na piknik, wieczór filmowy lub wycieczkę na świeżym powietrzu.

Krok 5: Wzajemne wsparcie

Oferuj wsparcie emocjonalne: Bądź tam dla swoich przyjaciół, gdy przechodzą przez trudne chwile. Słuchaj bez osądu i oferuj swoje wsparcie i porady, jeśli to konieczne. Przykład: Jeśli przyjaciel przechodzi okres stresu, wskaż mu swoje wsparcie, aktywnie słuchając i oferując rozwiązania lub pomocne zasoby.

Krok 6: Zachowaj autentyczność

Bądź sobą : Pozostań autentyczny w swoich relacjach przyjacielskich. Nie obawiaj się wyrażać swoich opinii ani być wrażliwym wobec przyjaciół. Przykład: Dziel się swoimi uczuciami i osobistymi doświadczeniami z przyjaciółmi w sposób szczery i będąc sobą.

Rozwijając te umiejętności interpersonalne, będziesz w stanie tworzyć i utrzymywać zdrowe przyjaźnie. Zainicjuj relacje, utrzymuj regularny kontakt, okazuj zainteresowanie i zaangażowanie w stosunku do innych, dziel się jakościowym czasem i oferuj wsparcie wzajemne. Te umiejętności pomogą ci tworzyć wartościowe więzi i wzmacniać przyjaźnie.

⌄ Ustanawianie granic :

Umiejętność określania i utrzymywania osobistych granic oraz szanowania granic innych w relacjach interpersonalnych.

Praktyczny arkusz : Ustanawianie granic

Umiejętność definiowania i utrzymywania osobistych granic jest kluczowa dla budowania zdrowych relacji interpersonalnych. Oto krok po kroku przewodnik, jak rozwijać tę umiejętność:

Krok 1: Zidentyfikuj swoje osobiste granice

- Znajdź czas na zastanowienie się nad swoimi potrzebami, wartościami i osobistymi preferencjami. Zidentyfikuj zachowania, sytuacje lub prośby, które sprawiają Ci dyskomfort i które chciałbyś/łabyś ograniczyć. **Na przykład:** Możesz zauważyć, że potrzebujesz codziennie chwili samotności, aby naładować baterie.

Krok 2: Bądź jasny/jasna i konkretne/konkretna

- Wyrażaj swoje granice w sposób jasny, konkretny i szanujący. Używaj twierdzących zdań, aby przekazać, co akceptujesz, a co nie. **Na przykład:** Powiedz "Wolę otrzymać co najmniej 24 godziny wcześniejszego powiadomienia przed przyjęciem zaproszenia" zamiast "Nie znoszę, kiedy ludzie proszą mnie o wyjście na ostatnią chwilę".

Krok 3 : Komunikuj swoje granice asertywnie

- Stosuj asertywną komunikację, aby wyrazić swoje granice. Bądź uprzejmy, ale stanowczy w swoim wyrażeniu i upewnij się, że utrzymujesz otwartą postawę i spokojny ton głosu. **Na przykład:** Kiedy ktoś prosi Cię o coś, co przekracza Twoje granice, odpowiedz pewnie: "Rozumiem, że potrzebujesz pomocy, ale w tej chwili nie jestem w stanie tego zrobić".

Krok 4 : Szanuj granice innych

- Rozpoznanie i szanowanie granic innych jest równie ważne, jak określanie swoich własnych granic. Bądź uwagę na sygnały i prośby innych oraz unikaj przekraczania ich osobistych granic. **Na przykład:** Jeśli przyjaciel daje Ci do zrozumienia, że nie chce rozmawiać na określony temat, respektuj jego prośbę i nie naciskaj na rozmowę na ten temat.

Krok 5 : Staw czoła wyzwaniom

- Bądź przygotowany/przygotowana na sytuacje, w których Twoje granice mogą być kwestionowane lub naruszane. Zachowaj stanowczość w swoich przekonaniach i nie ustępuj pod wpływem społecznego nacisku ani nierozsądnych próśb. **Na przykład:** Jeśli ktoś próbuje przekonać Cię do przekroczenia swoich granic, przypomnij sobie o ważności dbania o siebie i utrzymuj swoją pozycję.

Krok 6 : Ćwicz komunikację asertywną

- Regularnie trenuj umiejętność wyrażania swoich granic asertywnie. Im częściej to praktykujesz, tym bardziej staje się to naturalne i skuteczne w Twoich interakcjach międzyludzkich. **Na przykład:** Wyobraź sobie scenariusze, w których musisz wyrazić swoje granice i trenuj asertywne odpowiedzi.

Rozwijając swoje umiejętności w określaniu granic, będziesz w stanie ustalać i utrzymywać jasne granice osobiste, szanować granice innych i rozwijać zdrowe i zrównoważone relacje międzyludzkie. Asertywna komunikacja jest kluczem do nawiązywania szanujących relacji, w których każdy czuje się wysłuchany i szanowany w swoich granicach osobistych.

✦ Umiejętności w zakresie współpracy :

Efektywna praca zespołowa, dzielenie się odpowiedzialnościami, konstruktywne rozwiązywanie konfliktów i wspieranie wspólnego celu.

Umiejętności w zakresie współpracy są niezbędne do efektywnej pracy zespołowej, dzielenia się odpowiedzialnościami, rozwiązywania konstruktywnie konfliktów i przyczyniania się do wspólnego celu. Oto przewodnik krok po kroku, jak rozwijać te umiejętności:

Krok 1: Ustalanie jasnych i wspólnych celów

Zdefiniuj jasne i współdzielone cele zespołu. Upewnij się, że wszyscy rozumieją te cele i są zaangażowani w ich realizację. **Na przykład:** Pracując nad projektem zespołowym, określ konkretne cele do osiągnięcia i upewnij się, że wszyscy członkowie zespołu je rozumieją i akceptują.

Krok 2: Podział odpowiedzialności

Sprawiedliwie podziel odpowiedzialności między członkami zespołu. Zidentyfikuj mocne strony i umiejętności każdego z nich, aby maksymalnie wykorzystać wkład każdego członka. **Na przykład:** W zespołach projektowych przypisz konkretne zadania każdemu członkowi w oparciu o ich umiejętności i zainteresowania. Upewnij się, że każdy członek jasno rozumie swoje obowiązki.

Krok 3: Otwarta i transparentna komunikacja

Wspieraj otwartą i transparentną komunikację w zespole. Zachęcaj do wymiany pomysłów, aktywnego słuchania i szanowania opinii każdego z członków. **Na przykład:** Podczas spotkań zespołowych zachęcaj wszystkich członków do dzielenia się swoimi pomysłami i wyrażania swoich obaw. Twórz środowisko, w którym wszyscy czują się swobodnie w komunikowaniu się.

Krok 4: Konstruktywne rozwiązywanie konfliktów

W przypadku konfliktów przyjmij konstruktywne podejście do ich rozwiązania. Słuchaj różnych perspektyw, szukaj rozwiązań akceptowalnych dla wszystkich i faworyzuj kompromis. **Na przykład:** Jeśli pojawią się spory w zespole, zorganizuj dyskusję, która pozwoli każdemu członkowi wyrazić swoje zdanie. Zachęcaj do poszukiwania rozwiązań uwzględniających interesy wszystkich członków.

Krok 5: Współpraca i wzajemne wsparcie

Wspieraj współpracę i wzajemne wsparcie między członkami zespołu. Zachęcaj do dzielenia się wiedzą, doświadczeniem i pomysłami w celu osiągnięcia wspólnych celów. **Na przykład:** Zachęcaj członków zespołu do pomagania sobie nawzajem, dzielenia się wiedzą i oferowania wsparcia, gdy któryś z członków napotyka trudności.

Krok 6: Ocena i ciągła nauka

Regularnie przeprowadzaj oceny, aby zidentyfikować mocne strony i obszary do poprawy w zespole. Wykorzystaj te oceny do nauki i kolektywnego rozwoju. **Na przykład:** Po ukończeniu projektu zorganizuj spotkanie zespołu, aby ocenić proces, zidentyfikować sukcesy i wyzwania oraz wyciągnąć wnioski na przyszłość.

Rozwijając umiejętności współpracy, będziesz w stanie efektywnie pracować w zespole, dzielić się odpowiedzialnościami, konstruktywnie rozwiązywać konflikty i przyczyniać się do wspólnego celu. Współpraca sprzyja większej produktywności, płynniejszej komunikacji i większemu zadowoleniu w zespole.

5. Umiejętności zarządzania stresem społecznym:

↓ Zarządzanie lękiem społecznym :

Rozwijać techniki relaksacji, samoopanowania i oddychania w celu radzenia sobie z lękiem w sytuacjach społecznych.

Praktyczny arkusz : Zarządzanie lękiem społecznym

Zarządzanie lękiem społecznym obejmuje rozwijanie technik relaksacji, samoregulacji i kontroli oddechu, aby radzić sobie z lękiem w sytuacjach społecznych. Oto krok po kroku przewodnik po rozwijaniu tych umiejętności:

Krok 1: Zrozumienie lęku społecznego

Naucz się rozpoznawać objawy i symptomy lęku społecznego. Zrozum negatywne myśli i przekonania, które mogą przyczyniać się do twojego lęku.

Na przykład: Zwróć uwagę na objawy fizyczne, takie jak przyspieszone bicie serca, spocone dłonie, lub negatywne, deprecjonujące myśli, które pojawiają się w sytuacjach społecznych.

Krok 2: Techniki relaksacji

Naucz się technik relaksacyjnych w celu zmniejszenia lęku. Może to obejmować metody takie jak głębokie oddychanie, medytacja, joga lub progresywna relaksacja mięśni. **Na przykład:** Praktykuj głębokie oddychanie, powoli wdychając przez nos przez 4 sekundy, zatrzymując oddech przez 4 sekundy, a następnie powoli wydychając przez usta przez 4 sekundy. Powtórz kilka razy, aby się zrelaksować.

Krok 3: Samouspokajanie się

Rozwijaj strategie samoopieki w celu radzenia sobie z lękiem społecznym. Korzystaj z pozytywnych myśli, afirmacji i przypomnień o swojej własnej wartości i umiejętnościach. **Na przykład:** Kiedy czujesz się zestresowany w sytuacji społecznej, mów sobie pozytywne afirmacje, takie jak "Potrafię czuć się komfortowo i komunikować z innymi" lub "Jestem miłą osobą i zasługuję na docenienie".

Krok 4: Stopniowa ekspozycja

Ćwicz stopniową ekspozycję na sytuacje społeczne, które wywołują u ciebie lęk. Zacznij od mniej stresujących sytuacji i powoli przechodź do bardziej wymagających. **Na przykład:** Zacznij od niewielkich interakcji społecznych, takich jak pozdrowienie sąsiada, a następnie stopniowo przechodź do bardziej skomplikowanych sytuacji, takich jak uczestnictwo w spotkaniu grupowym.

Krok 5: Wsparcie społeczne

Szukaj wsparcia od życzliwych osób w swoim otoczeniu. Podziel się swoimi uczuciami i obawami z przyjaciółmi lub członkami rodziny, którzy mogą cię wesprzeć i zachęcić. **Na przykład:** Porozmawiaj z zaufanym przyjacielem o swoich trudnościach z lękiem społecznym. Poproś o ich wsparcie i rozważ ćwiczenie sytuacji społecznych razem z nimi, aby zyskać pewność siebie.

Krok 6: Ćwiczenie i wytrwałość

Regularnie praktykuj techniki zarządzania lękiem społecznym i wytrwaj w wysiłkach podejmowanych, aby przezwyciężyć lęk. Zaakceptuj, że postęp może być stopniowy i że każdy krok naprzód się liczy. **Na przykład:** Zobowiąż się do codziennego ćwiczenia technik relaksacyjnych i samopomocy oraz stanąć przed sytuacjami społecznymi z determinacją i wytrwałością.

Rozwijając swoje umiejętności w zarządzaniu lękiem społecznym, będziesz w stanie lepiej radzić sobie w sytuacjach społecznych, zmniejszyć swoją niepewność i czuć się bardziej komfortowo w interakcjach z innymi. Bądź cierpliwy/cierpliwa, regularnie ćwicz i nie wahaj się prosić o dodatkowe wsparcie, jeśli jest to konieczne, takie jak terapia poznawczo-behawioralna, aby pomóc ci w zarządzaniu lękiem społecznym na twojej drodze.

Zarządzanie presją społeczną:

Radzenie sobie z presją rówieśników, oczekiwaniami społecznymi i sytuacjami oceny, aby utrzymać poziom pewności siebie i spokoju w interakcjach społecznych.

Praktyczny arkusz pracy: Zarządzanie presją społeczną

Zarządzanie presją społeczną polega na radzeniu sobie z oczekiwaniami społecznymi, presją rówieśników i sytuacjami oceny, jednocześnie utrzymując pewność siebie i spokój w interakcjach społecznych. Oto krok po kroku przewodnik w rozwijaniu tych umiejętności:

Krok 1: Świadomość presji społecznej

- Bądź świadom/a presji społecznej i oczekiwań, które mogą wpływać na Twoje zachowanie i emocje. Zidentyfikuj sytuacje lub momenty, w których odczuwasz największą presję. **Na przykład:** Zidentyfikuj sytuacje, takie jak publiczne wystąpienia, rozmowy kwalifikacyjne do pracy lub ważne wydarzenia społeczne, w których odczuwasz dużą presję społeczną.

Krok 2: Kwestionuj nierealistyczne oczekiwania

- Kwestionuj nierealistyczne oczekiwania, jakie możesz mieć względem siebie lub te narzucone przez innych. Rozpoznaj, że nie zawsze każdemu można dogodzić i że posiadanie wad jest normalne. **Na przykład:** Zamiast dążyć do doskonałości, zaakceptuj, że robisz, co w Twojej mocy, i że błąd jest normalną częścią nauki i rozwoju.

Krok 3: Zidentyfikuj swoje wartości i priorytety

- Zidentyfikuj swoje osobiste wartości i priorytety. Określ, co jest dla Ciebie naprawdę ważne, aby podejmować decyzje, które do Ciebie pasują, zamiast dostosowywać się do oczekiwań innych. **Na przykład:** Zidentyfikuj swoje fundamentalne wartości, takie jak uczciwość, autentyczność czy równowaga między życiem zawodowym a osobistym, i dostosuj swoje działania odpowiednio.

Krok 4: Wzmacniaj swoją samoocenę

- Pracuj nad swoją samooceną, rozwijając pozytywne postrzeganie siebie. Celebruj swoje osiągnięcia, rozpoznawaj swoje mocne strony i otaczaj się ludźmi, którzy Cię wspierają. **Na przykład:** Prowadź pamiętnik, w którym zapisujesz swoje osiągnięcia, umiejętności i pozytywne cechy. Ćwicz samoszacunek, traktując siebie z życzliwością i zrozumieniem.

Krok 5: Opracuj strategie samopomocy

- Opracuj strategie samopomocy, aby radzić sobie z presją społeczną. Wykorzystuj techniki relaksacyjne, głębokiego oddychania lub wizualizacji, aby uspokoić umysł i zmniejszyć lęk. **Na przykład:** Przed stresującą sytuacją poświęć chwilę na głęboki oddech i wyobraź sobie, że jesteś spokojny, pewny siebie i potrafisz sprostać presji.

Krok 6: Ustanów zdrowe granice

- Ustanów jasne granice i ich przestrzegaj. Naucz się mówić nie, gdy czujesz się przytłoczony lub gdy prośby innych są sprzeczne z Twoimi wartościami lub priorytetami. **Na przykład:** Jeśli czujesz się przytłoczony nadmiernymi żądaniami, naucz się asertywnie odmawiać, wyjaśniając swoje granice i proponując alternatywy, jeśli to możliwe.

Rozwijając umiejętności zarządzania presją społeczną, będziesz w stanie utrzymać poziom pewności siebie i spokoju w interakcjach społecznych pomimo oczekiwań społecznych i presji ze strony rówieśników. Pozostań wierny sobie, szanuj swoje granice i korzystaj z technik samoopieki, aby radzić sobie z sytuacjami oceny i zachować swoje emocjonalne samopoczucie.

Te umiejętności społeczne można rozwijać poprzez praktyczne ćwiczenia, sytuacje życiowe, gry w role oraz rzeczywiste interakcje z innymi. Ćwicząc te umiejętności, będziesz w stanie poprawić swoją umiejętność poruszania się w społeczeństwie, wzmocnić relacje interpersonalne i czuć się bardziej komfortowo w sytuacjach społecznych.

Planowanie leczenia i cele terapeutyczne

Planowanie leczenia i ustalanie celów terapeutycznych to kluczowe elementy terapii behawioralnej i kognitywnej. Te procesy pozwalają określić kierunek leczenia, zidentyfikować priorytetowe obszary do pracy i mierzyć osiągnięte postępy. Oto ważne kroki w planowaniu leczenia i ustalaniu celów terapeutycznych:

6.1 Ustalanie celów terapeutycznych

Określenie jasnych i konkretnych celów terapeutycznych jest kluczowe dla kierowania pracą terapeutyczną. Cele terapeutyczne muszą być określone w sposób precyzyjny, mierzalny, osiągalny, realistyczny i czasowo określony (SMART).

SMART to akronim opisujący istotne cechy celów terapeutycznych:

- **Specyficzny (Specific):** Cel powinien być jasno zdefiniowany i konkretan, skupiając się na konkretnym obszarze do poprawy.
- **Mierzalny (Measurable):** Cel musi być mierzalny, aby można było ocenić osiągnięte postępy. Obiektywne kryteria powinny być używane do oceny osiągnięcia celu.
- **Osiągalny (Achievable):** Cel musi być realistyczny i osiągalny. Musi być zgodny z zdolnościami i zasobami pacjenta.
- **Realistyczny (Realistic):** Cel musi być osiągalny w kontekście okoliczności i ograniczeń pacjenta. Musi być realistyczny i odpowiadać oczekiwaniom i możliwościom pacjenta.
- **Określony czasowo (Time-bound):** Cel musi mieć określony limit czasu, aby można go było ocenić. Określony musi być okres czasu, w którym cel ma być osiągnięty lub postępy mają być zaobserwowane.

Podsumowując, SMART to strukturalne podejście do tworzenia celów terapeutycznych, które są konkretne, mierzalne, osiągalne, realistyczne i określone czasowo. Pomaga to w tworzeniu jasnych, ocenialnych celów dostosowanych do sytuacji pacjenta.

Oto konkretne przykład ilustrujący tworzenie celów terapeutycznych:

Sytuacja: Osoba cierpi na intensywną lęk społeczny i unika sytuacji społecznych z powodu strachu przed oceną i zażenowaniem.

Cel terapeutyczny: Zmniejszenie lęku społecznego i poprawa uczestnictwa w sytuacjach społecznych.

- **Konkretny:** Zmniejszenie lęku społecznego skoncentrowanego na sytuacjach grupowych i interakcjach społecznych.
- **Mierzalny:** Ocena lęku społecznego za pomocą zatwierdzonych skali oceny, takich jak Skala Lęku Społecznego (EAS).
- **Osiągalny:** Opracowanie strategii stopniowej ekspozycji na sytuacje społeczne w celu stopniowego i osiągalnego zmniejszenia lęku.
- **Realistyczny:** Uwzględnienie zdolności i zasobów pacjenta, a także kontekstu, w którym się znajduje.
- **Określony czasowo:** Ustalenie realistycznego terminu na obserwację znaczącej poprawy, na przykład redukcję lęku społecznego o 50% w ciągu trzech miesięcy od rozpoczęcia terapii.

Strategie terapeutyczne w celu osiągnięcia celu:

- **Stopniowa ekspozycja:** Rozpoczęcie od mniej zastraszających sytuacji społecznych i stopniowe zwiększanie trudności poprzez eksponowanie się na coraz bardziej złożone sytuacje grupowe.
- **Techniki zarządzania lękiem:** Nauka technik relaksacyjnych, głębokiego oddychania i restrukturyzacji myślenia w celu radzenia sobie z lękiem i negatywnymi myślami.
- **Rozwijanie umiejętności społecznych:** Rozwijanie umiejętności komunikacji, asertywności i aktywnego słuchania w celu poprawy interakcji społecznych.
- **Wykorzystanie wsparcia społecznego:** Zachęcanie do poszukiwania wsparcia od zaufanych osób, takich jak przyjaciele czy członkowie rodziny, w celu wzmocnienia sieci społecznej i poczucia bezpieczeństwa w sytuacjach społecznych.

Ustanawianie celów terapeutycznych pomaga konkretnie kierować procesem terapeutycznym i mierzyć osiągnięte postępy. Ważne jest regularne przeglądanie celów w celu ich dostosowania do zmieniających się potrzeb pacjenta i osiągniętych wyników.

6.2 Planowanie sesji terapeutycznych

Po ustaleniu celów terapeutycznych następuje planowanie sesji terapeutycznych. Terapeuta i pacjent określają częstotliwość i czas trwania sesji, a także konkretne techniki i interwencje, które zostaną zastosowane.

Planowanie sesji terapeutycznych uwzględnia potrzeby i preferencje pacjenta, a także charakter problemów do rozwiązania. Może to obejmować kombinację technik kognitywnych i behawioralnych, dostosowanych do konkretnych celów terapeutycznych.

W przypadku auto-terapii:

W przypadku auto-terapii planowanie sesji terapeutycznych opiera się na samym jednym osobie. Istotne jest stworzenie struktury i ram, które wspierają auto-terapię i maksymalizują jej korzyści. Oto kilka istotnych kwestii do rozważenia podczas planowania sesji auto-terapii:

1) **Częstotliwość sesji:** Określ, jak często chcesz angażować się w sesje auto-terapii. Może to się różnić w zależności od twoich potrzeb i dostępności. Możesz wybrać regularne sesje, na przykładDecydujesz się na udział w sesjach auto-terapii raz w tygodniu, każdego niedzielnego popołudnia, trwające 30 minut. Blokujesz ten czas w swoim harmonogramie, aby regularnie poświęcać czas na swoje samopoczucie emocjonalne.

2) **Czas trwania sesji:** Ustal odpowiednią długość swoich sesji auto-terapii. Może to się różnić w zależności od twoich preferencji i zdolności do zaangażowania się w praktykę refleksji i introspekcji. Na przykład, Ustalasz 20-minutową długość swoich sesji auto-terapii. Pozwala to ci skupić się w pełni podczas tego okresu bez uczucia

przytłoczenia długą sesją. Wybierasz wieczór przed snem, aby się zrelaksować i zastanowić.

3) **Struktura sesji:** Opracuj strukturę swoich sesji auto-terapii, aby zwiększyć ich skuteczność. Może to obejmować elementy takie jak refleksja nad przeszłymi doświadczeniami, identyfikacja automatycznych negatywnych myśli, ocena tych myśli i praktyka konkretnych technik, takich jak restrykcja poznawcza lub relaksacja. Na przykład, Strukturyzujesz swoje sesje auto-terapii na trzy części: (1) Refleksja nad przeszłymi doświadczeniami i odczuciami, (2) Identyfikacja automatycznych negatywnych myśli i ich zapis w twoim dzienniku myśli, i (3) Praktyka restrykcji poznawczej, polegająca na zastąpieniu negatywnych myśli bardziej adaptacyjnymi myślami.

4) **Wykorzystanie narzędzi i źródeł wsparcia:** Zidentyfikuj narzędzia i źródła wsparcia, które mogą ci pomóc w auto-terapii. Mogą to być książki, dzienniki myśli, aplikacje terapeutyczne online, nagrania dźwiękowe medytacji lub relaksacji oraz inne źródła, które mogą wzbogacić twoje doświadczenie auto-terapii.

5) **Monitorowanie i ocena:** Utwórz proces monitorowania i oceny, aby mierzyć postępy i dostosowywać swoją praktykę auto-terapii w razie potrzeby. Może to obejmować prowadzenie dziennika swoich sesji, notowanie zmian lub wyzwań napotkanych na drodze, oraz refleksję nad uzyskanymi wynikami, aby podejmować świadome decyzje na przyszłość.

Oto prosty i jasny przykład sesji auto-terapii opartej na terapii poznawczo-behawioralnej (TCC) w celu radzenia sobie z problemem zarządzania stresem:

Krok 1: Przygotowanie

✓ Znajdź ciche i wygodne miejsce, gdzie możesz się zrelaksować, nie będąc przeszkadzany.

✓ Przygotuj około 30 minut na tę sesję auto-terapii.

✓ Upewnij się, że masz dziennik lub notes do robienia notatek.

Krok 2: Relaksacja

✓ Rozpocznij od techniki relaksacyjnej, aby się zrelaksować. Może to być głębokie oddychanie, prowadzona medytacja lub ćwiczenie relaksacji mięśni.

✓ Zajmij kilka minut, aby się skupić i skoncentrować na oddechu.

Krok 3: Identyfikacja problemu

✓ Zidentyfikuj problem związanego ze stresem, który chcesz rozwiązać podczas tej sesji. Na przykład może to być nadmierna reakcja na stres w pracy.

Krok 4: Badanie myśli automatycznych

✓ Zastanów się nad automatycznymi myślami, które pojawiają się, gdy jesteś wystawiony na stresujące sytuacje w pracy. Zapisz te myśli w swoim dzienniku.

✓ Zidentyfikuj negatywne lub irracjonalne myśli, które przyczyniają się do twojej nadmiernej reakcji na stres. Na przykład: "Muszę być doskonały/a, w przeciwnym razie jestem całkowitą porażką."

Krok 5: Ocena myśli automatycznych

✓ Realistycznie oceniaj zidentyfikowane myśli automatyczne. Szukaj dowodów przemawiających za tymi myślami oraz przeciwko nim.

✓ Kwestionuj myśli zawierające deformacje poznawcze lub błędy myślenia. Na przykład, zastanów się, czy to wymaganie doskonałości jest realistyczne i czy rzeczywiście przyczynia się do twojego samopoczucia.

Krok 6: Rewstrukturyzacja poznawcza

✓ Zastąp negatywne myśli automatyczne bardziej przystosowanymi i realistycznymi myślami. Na przykład zamień "Muszę być doskonały(a) inaczej jestem całkowitym niepowodzeniem" na "Robię co w mojej mocy i uczę się na swoich błędach, co jest normalne i ludzkie".

✓ Ćwicz te nowe myśli, powtarzając je na głos lub zapisując w swoim dzienniku.

Krok 7: Plan działania

✓ Stwórz konkretny plan działania na zarządzanie swoją reakcją na stres w pracy. Zidentyfikuj konkretne strategie, takie jak regularne robienie przerw, praktykowanie technik relaksacyjnych w czasie stresujących sytuacji lub szukanie wsparcia u kolegów pracy lub terapeuty.

✓ Ustal mierzalne i osiągalne cele, aby wdrożyć te strategie w swoim codziennym życiu.

Krok 8: Podsumowanie

✓ Poświęć kilka chwil na podsumowanie tego, czego nauczyłeś się podczas tej sesji autoterapii.

✓ Zapisz swoje końcowe przemyślenia i to, co zamierzasz zastosować w praktyce od teraz.

Pamiętaj, że jest to ogólny przykład i że autoterapia może różnić się w zależności od konkretnych problemów i indywidualnych preferencji. Wskazane jest skonsultowanie się ze specjalistą ds. zdrowia psychicznego w celu uzyskania dodatkowego wsparcia i bardziej precyzyjnego dostosowania do osobistej sytuacji.

Autoterapia wymaga samodyscypliny i zaangażowania w swoje samopoczucie emocjonalne i psychiczne. Planując sesje autoterapii, strukturyzując swoje praktyki i korzystając z dostępnych zasobów, można stworzyć środowisko sprzyjające rozwojowi osobistemu i uzdrawianiu.

6.3 Monitorowanie i ocena postępów.

Monitorowanie i ocena postępów są kluczowe dla oceny skuteczności leczenia i wprowadzania potrzebnych dostosowań. Terapeuta i pacjent regularnie oceniają postępy w stosunku do wyznaczonych celów terapeutycznych. Różne narzędzia mogą być wykorzystane do pomiaru postępów, takie jak kwestionariusze, samoobserwacje lub rozmowy. Te oceny pomagają zidentyfikować poprawy i potencjalne przeszkody oraz dostosować plan leczenia odpowiednio.

Oto przykład kwestionariusza powszechnie stosowanego w terapii poznawczo-behawioralnej do oceny objawów depresji: Inwentarz Depresji Becka (BDI). Każdemu pytaniu towarzyszy krótkie wyjaśnienie jego celu, a na końcu przedstawię wyjaśnienie znaczenia końcowego wyniku.

1. **Smutek: Jak często czujesz się smutny lub przygnębiony?** - To pytanie ocenia częstotliwość uczucia smutku lub depresji.

2. **Pesymizm: Jak często uważasz, że nic nigdy się nie poprawi?** - To pytanie ocenia poziom pesymizmu i nadziei na przyszłość.

3. **Poczucie niskiej wartości własnej: Jak często czujesz się bezwartościowy lub bez wartości?** - To pytanie ocenia samoocenę i autodeprecjację.

4. **Winność: Jak często czujesz się winny lub odpowiedzialny za rzeczy, które nie są twoją winą?** - To pytanie ocenia tendencję do nadmiernego lub nieodpowiedniego poczucia winy.

5. **Płacz: Jak często płaczesz bez widocznej przyczyny?** – To pytanie ocenia częstotliwość płaczu bez widocznej przyczyny.

6. **Utrata satysfakcji: Jak często czujesz się niesatysfakcjonujący lub niezdolny do czerpania radości z rzeczy, które kiedyś lubiłeś?** - To pytanie ocenia utratę satysfakcji lub zainteresowania wcześniej lubianymi aktywnościami.

7. **Niezdecydowanie: Jak często masz trudności z podejmowaniem decyzji?** - To pytanie ocenia trudności w podejmowaniu decyzji.

8. **Utata energii: Jak często czujesz się zmęczony lub brakuje ci energii?** - To pytanie ocenia poziom energii i ogólnego zmęczenia.

9. **Zmiany w apetycie: Jak często zauważasz zmiany w swoim apetycie (zwiększenie lub zmniejszenie)?** - To pytanie ocenia zmiany w apetycie, takie jak utrata lub przyrost wagi.

10. **Myśli samobójcze: Jak często masz myśli o krzywdzeniu siebie lub chęci umierania?** - To pytanie ocenia obecność myśli samobójczych.

Ostateczny wynik BDI uzyskuje się poprzez przypisanie punktów do każdej odpowiedzi, zgodnie z wcześniej zdefiniowaną skalą. Całkowity wynik służy do oceny nasilenia objawów depresji. Na przykład, wyższy wynik wskazuje na cięższą depresję, podczas gdy niższy wynik wskazuje na mniej ciężką depresję. Wynik ten można wykorzystać do monitorowania zmian objawów w czasie i oceny skuteczności leczenia. Spadek wyniku wskazywałby na poprawę objawów depresji.

Regularne monitorowanie i ocena pomagają upewnić się, że leczenie jest skuteczne, wprowadzać zmiany w razie potrzeby i utrzymywać motywację pacjenta przez cały proces terapeutyczny.

Planowanie leczenia i ustalanie celów terapeutycznych zapewnia strukturę i kierunek procesu terapeutycznego. Pozwalają terapeucie skupić się na konkretnych problemach, które mają być leczone, ocenić postępy i promować konkretne, znaczące wyniki. Współpracując z terapeutą, pacjenci mogą aktywnie angażować się we własną podróż w kierunku dobrego samopoczucia.

Zarządzanie nawrotami i zapobieganie

Zarządzanie nawrotami i zapobieganie to istotne elementy terapii behawioralno-kognitywnej. Nawroty mogą wystąpić po okresie postępu, dlatego ważne jest opracowanie strategii ich rozpoznawania i zapobiegania. Oto kilka kluczowych elementów zarządzania nawrotami i zapobiegania:

7.1 Rozpoznawanie znaków nawrotu

Jest kluczowe nauczenie się rozpoznawania wczesnych objawów nawrotu. Te objawy mogą różnić się od osoby do osoby, ale mogą obejmować wzrost lęku lub depresji, powrót automatycznych negatywnych myśli, wycofanie społeczne, spadek motywacji lub wzrost problematycznego zachowania.

Oto lista potencjalnych objawów nawrotu, wraz z krótkim wyjaśnieniem każdego z nich:

1. **Zwiększony poziom lęku:** Ogólny wzrost poziomu lęku może objawiać się nadmiernym zmartwieniem, katastroficznymi myślami lub ciągłym poczuciem niepokoju. **Na przykład:** Możesz zacząć odczuwać zwiększony poziom lęku w sytuacjach społecznych, unikając interakcji z innymi z obawy przed oceną lub upokorzeniem.

2. **Zwiększona depresja:** Wzrost depresji może objawiać się uczuciem smutku, desperacji, zmęczeniem i utratą zainteresowania aktywnościami, które kiedyś sprawiały przyjemność. **Na przykład:** Czujesz się stale smutny, trudno jest ci czerpać przyjemność z aktywności, które lubisz, a motywacja jest znacznie zmniejszona.

3. **Automatyczne negatywne myśli:** Automatyczne negatywne myśli mogą pojawiać się częściej i intensywniej. Mogą to być myśli o samodestrukcyjności, pesymizmie lub desperacji. **Na przykład:** Stałe krytykowanie siebie, wątpliwości co do swoich zdolności i postrzeganie siebie jako niepowodzenia, nawet gdy dowody sugerują coś innego.

4. **Izolacja społeczna:** Możesz mieć tendencję do większego izolowania się, unikania interakcji społecznych lub odczuwania dyskomfortu w

obecności innych osób. **Na przykład:** Zaczynasz odwoływać plany z przyjaciółmi lub unikać spotkań społecznych, woląc pozostawać samemu w domu.

5. **Spadek motywacji**: Twój poziom motywacji może maleć, co czyni trudniejszym wykonywanie codziennych obowiązków lub zaangażowanie się w działania, które są dla ciebie ważne. **Na przykład:** Masz trudności z motywacją do wykonywania obowiązków zawodowych lub uczestniczenia w rozrywkach, które wcześniej sprawiały ci przyjemność.

6. **Zwiększone zachowania problematyczne**: Możesz zauważyć wzrost zachowań problematycznych, takich jak unikanie, impulsywne zachowania lub stosowanie nieadaptacyjnych mechanizmów obronnych. **Na przykład:** Zaczynasz używać mechanizmów obronnych, takich jak projekcja, przypisując systematycznie problemy innym osobom, nie biorąc odpowiedzialności za własne działania.

Warto zauważyć, że te objawy mogą różnić się między osobami. Zaleca się współpracę z profesjonalistą ds. zdrowia psychicznego, aby zidentyfikować konkretne objawy nawrotu i opracować odpowiednie strategie zapobiegania dostosowane do twojej indywidualnej sytuacji. Może to obejmować prowadzenie dziennika obserwacji, w którym zapisujesz zmiany nastroju, nawracające negatywne wzorce myślenia lub niepożądane zachowania. Gdy objawy nawrotu zostaną zidentyfikowane, można wprowadzić strategie zapobiegania.

7.2 Techniki zapobiegania nawrotom

Techniki zapobiegania nawrotom mają na celu przewidzenie i uniknięcie potencjalnych nawrotów. Oto kilka powszechnie stosowanych strategii:

- **<u>Utrzymywanie zdobytych umiejętności:</u>**

Po rozwinięciu skutecznych umiejętności i strategii podczas terapii ważne jest, aby nadal regularnie je praktykować i wzmacniać. Może to obejmować kontynuowanie stosowania technik poznawczych, technik behawioralnych i umiejętności radzenia sobie ze stresem, które zostały opanowane podczas terapii.

Jak to zrobić?

Aby utrzymać zdobyte umiejętności w trakcie terapii, oto kilka sugestii:

1) **Regularna praktyka:** Kontynuuj regularne praktykowanie umiejętności i strategii, które nauczyłeś się podczas terapii, w swoim codziennym życiu. Regularnie powtarzaj ćwiczenia, techniki relaksacyjne, korekty poznawcze i umiejętności rozwiązywania problemów, aby wzmocnić te umiejętności.

2) **Autoobserwacja:** Kontynuuj obserwowanie swoich myśli, emocji i zachowań, korzystając z umiejętności autoobserwacji rozwiniętych podczas terapii. Bądź świadomy swoich schematów myślowych, reakcji emocjonalnych i zachowań, aby w razie potrzeby je dostosować.

3) **Prowadzenie dziennika:** Prowadź dziennik, aby dokumentować swoje myśli, emocje i zachowania. Pomoże Ci to zidentyfikować powtarzające się schematy, rozpoznać sytuacje wywołujące problematyczne reakcje i ocenić swoje postępy z biegiem czasu.

4) **Pozytywne wzmocnienie:** Nagradzaj się i doceniaj, gdy skutecznie wykorzystujesz umiejętności zdobyte w trakcie terapii. Celebruj swoje sukcesy i doceniaj postępy, nawet te najmniejsze.

5) **Regularne przeglądanie technik:** Regularnie powtarzaj ćwiczenia i techniki, które nauczyłeś się w trakcie terapii, aby upewnić się, że są one nadal w twojej pamięci. Może to obejmować ponowne czytanie swoich notatek, przejrzenie swojego planu działania lub powtarzanie technik relaksacyjnych.

6) **Wsparcie społeczne:** Otaczaj się osobami, które wspierają twój rozwój i dobre samopoczucie. Dziel się swoimi doświadczeniami, sukcesami i wyzwaniami z przyjaciółmi, rodziną lub grupami wsparcia, które mogą cię zachęcać i oferować emocjonalne wsparcie.

7) **Regularne monitorowanie:** Jeśli to możliwe, rozważ regularne monitorowanie z terapeutą lub udział w okresowych sesjach

konsultacyjnych, aby omówić postępy, poruszyć nowe wyzwania i otrzymać dodatkowe wskazówki.

Regularne praktykowanie umiejętności zdobytych podczas terapii wzmacnia Twoją zdolność do radzenia sobie z wyzwaniami i utrzymania emocjonalnego dobrostanu. Pamiętaj, że samoterapia może być uzupełniana przez profesjonalne wsparcie terapeuty, jeśli jest to konieczne.

- **Planowanie strategii adaptacyjnych:**

Pacjent i terapeuta mogą wspólnie opracować konkretne plany działania w przypadku objawów nawrotu. Może to obejmować identyfikację alternatywnych strategii radzenia sobie, poszukiwanie wsparcia społecznego, stosowanie technik relaksacyjnych lub wprowadzanie przyjemnych aktywności w celu przeciwdziałania wczesnym objawom nawrotu.

Jak ?

Oto przykład kroków planowania strategii radzenia sobie w przypadku objawów nawrotu:

1) **Identyfikacja objawów nawrotu:** Pracuj z terapeutą nad identyfikacją konkretnych objawów nawrotu, które są charakterystyczne dla Twojej sytuacji. Mogą to być zmiany nastroju, powtarzające się negatywne myśli lub zachowania problematyczne.
2) **Lista strategii radzenia sobie:** Wspólnie sporządź listę strategii radzenia sobie, które pomogą Ci radzić sobie z objawami nawrotu. Może to obejmować techniki relaksacyjne, praktyki uważności, stosowanie technik poznawczych, angażowanie się w przyjemne aktywności lub szukanie wsparcia społecznego.
3) **Rozwinięcie planu działań:** Na podstawie listy strategii radzenia sobie, opracuj szczegółowy plan działań dla każdego zidentyfikowanego objawu nawrotu. Na przykład, jeśli zauważysz wzrost poziomu lęku, Twój plan działań może obejmować praktykowanie głębokiego oddychania lub uczestnictwo w relaksujących aktywnościach.

4) **Wdrażanie w praktyce:** Regularnie stosuj zidentyfikowane strategie radzenia sobie, nawet jeśli nie odczuwasz objawów nawrotu. Pomoże to wzmocnić te umiejętności i mieć je do dyspozycji, gdy będą potrzebne.

5) **Regularna rewizja:** Regularnie przeglądaj swój plan działania z terapeutą, aby upewnić się, że nadal jest odpowiedni do Twojej obecnej sytuacji. Możesz dokonać dostosowań lub dodać nowe strategie w zależności od zmieniających się potrzeb.

6) **Wykorzystywanie wsparcia wizualnego:** Aby uczynić Twój plan działania bardziej konkretnym, możesz stworzyć mapę myśli, tabelę lub listę wizualną z konkretnymi strategiami radzenia sobie z każdym objawem nawrotu. Pomoże Ci to łatwo przypominać sobie kroki do podjęcia w przypadku trudności.

7) **Regularne praktykowanie:** Regularnie ćwicz strategie radzenia sobie, nawet gdy czujesz się dobrze. Pomoże Ci to wzmocnić te umiejętności i uczynić je bardziej dostępnymi w razie potrzeby.

Planowanie strategii adaptacyjnych pozwala lepiej przygotować się do radzenia sobie z objawami nawrotu i szybko podjąć działania w celu zminimalizowania ich wpływu. Współpraca z terapeutą jest kluczowa w opracowaniu spersonalizowanego planu działania dostosowanego do Twoich konkretnych potrzeb.

- **<u>Wzmocnienie zasobów wsparcia:</u>**

Ważne jest zidentyfikowanie i wzmocnienie dostępnych źródeł wsparcia, czy to rodzina, przyjaciele, grupy wsparcia czy specjaliści medyczni. Utrzymywanie dobrej komunikacji z tymi osobami może być cenne w przypadku potrzeby dodatkowego wsparcia.

Oto kilka kroków, które pomogą wzmocnić Twoje źródła wsparcia:

1) **Identyfikacja źródeł wsparcia:** Zidentyfikuj osoby lub grupy, które mogą stanowić źródło wsparcia w Twoim życiu. Mogą to być członkowie rodziny, bliscy przyjaciele, zaufani współpracownicy, grupy wsparcia online lub specjaliści ds. zdrowia psychicznego.

2) **Otwarta komunikacja:** Utrzymuj otwartą i uczciwą komunikację ze źródłami wsparcia. Dziel się swoimi potrzebami, wyzwaniami i

postępami. Bądź gotów prosić o pomoc, gdy jej potrzebujesz, i przyjmuj wsparcie od innych.

3) **Ustanowienie regularnych połączeń:** Zaplanuj regularne chwile na kontakt z Twoimi źródłami wsparcia. Mogą to być spotkania osobiste, rozmowy telefoniczne, wymiana wiadomości lub udział w grupowych spotkaniach. Utrzymywanie regularnego kontaktu wzmacnia Twoją sieć wsparcia.

4) **Wyrażaj swoje potrzeby:** Bądź jasny w wyrażaniu swoich potrzeb i oczekiwań wobec Twoich źródeł wsparcia. Komunikuj się otwarcie, mówiąc, co najbardziej pomaga Ci w trudnych chwilach. Mogą to być proste potrzeby wsłuchania, porad lub pozytywnych rozrywek.

5) **Oferuj wsparcie w zamian:** Wsparcie to dwukierunkowy związek. Bądź gotów, by wesprzeć swoje źródła wsparcia, gdy to możliwe. Aktywnie słuchaj, udzielaj wsparcia i bądź obecny, gdy oni tego potrzebują.

6) **Eksploruj nowe źródła wsparcia:** Jeśli uważasz, że Twoje obecne źródła wsparcia są ograniczone, poszukaj nowych możliwości, aby rozszerzyć swoją sieć wsparcia. Może to obejmować uczestnictwo w lokalnych grupach społecznych, wyszukiwanie grup wsparcia online lub konsultację z profesjonalistami ds. zdrowia w celu uzyskania dodatkowych porad.

7) **Bądź wdzięczny:** Wyrażaj swoją wdzięczność wobec Twoich źródeł wsparcia. Wyraź swoją wdzięczność za ich obecność i wsparcie w Twoim życiu. To wzmacnia więzi i zachęca do kontynuacji wzajemnego wsparcia.

Wzmacniając swoje źródła wsparcia, tworzysz solidną sieć, która może pomóc Ci radzić sobie z wyzwaniami i utrzymywać Twoje samopoczucie emocjonalne. Nie zapominaj, że profesjonalne wsparcie terapeuty może również być cennym źródłem wsparcia do uwzględnienia w Twoim planie wsparcia.

- ### Samokontrola i regularne monitorowanie:

Wspieraj pacjenta w aktywnym podejściu do własnego zdrowia psychicznego, praktykując samodzielne zarządzanie sobą i dbając o siebie w sposób proaktywny. Może to obejmować kontynuowanie technik samopomocy, regularne wykonywanie ćwiczeń fizycznych, zrównoważoną dietę, właściwe radzenie sobie ze stresem oraz korzystanie z profesjonalnej pomocy, jeśli jest to konieczne.

Oto kilka sugestii dotyczących samodzielnego zarządzania sobą i regularnego dbania o własne zdrowie psychiczne:

✓ **Praktykowanie technik samopomocy:** Zidentyfikuj techniki samopomocy, które najlepiej Ci odpowiadają, takie jak medytacja, głębokie oddychanie, joga, pisanie dziennika, twórcze działania, inspirująca lektura lub inne czynności, które przynoszą Ci pocieszenie i relaks. Wprowadź te praktyki do swojej codziennej rutyny, aby dbać o siebie.

✓ **Regularna aktywność fizyczna:** Aktywność fizyczna pozytywnie wpływa na Twoje zdrowie psychiczne. Znajdź formę ćwiczeń, które Cię cieszy, czy to chodzi o spacer, bieganie, jazdę na rowerze, tańce czy jakąś dyscyplinę sportową. Staraj się regularnie angażować w aktywność fizyczną, aby zwiększyć swoją energię, zmniejszyć stres i poprawić nastrój.

✓ **Zrównoważone odżywianie:** Dbaj o zrównoważone i odżywcze nawyki żywieniowe. Spożywaj produkty bogate w składniki odżywcze, witaminy i minerały. Staraj się unikać przetworzonej żywności oraz dodatku cukru, ponieważ mogą one wpływać na Twoją energię i nastrój.

✓ **Zarządzanie stresem:** Naucz się technik radzenia sobie ze stresem, takich jak relaksacja, medytacja czy zarządzanie czasem. Zidentyfikuj stresujące sytuacje w swoim życiu i znajdź zdrowe i skuteczne sposoby ich radzenia sobie. Przydzielaj sobie regularne przerwy i praktykuj aktywności, które Cię relaksują i pozwalają na naładowanie energii.

✓ **Regularne monitorowanie:** Zachowuj regularny nadzór nad swoim zdrowiem psychicznym. Oceniaj swój nastrój, emocje i poziom stresu. Jeśli zauważysz znaki pogorszenia swojego zdrowia psychicznego, podejmij kroki w celu uzyskania dodatkowego wsparcia, czy to poprzez skontaktowanie się z profesjonalistą od zdrowia psychicznego, czy też wykorzystując dostępne źródła wsparcia.

✓ **Postaw na siebie:** Znajdź czas, aby zająć się sobą i swoimi potrzebami. Pozwól sobie na chwile relaksu, aktywności, które sprawiają Ci przyjemność i okazje do naładowania baterii. Naucz się mówić "nie", gdy potrzebujesz odpocząć lub mieć czas tylko dla siebie.

Samodzielne zarządzanie i regularne monitorowanie pozwalają Ci aktywnie dbać o swoje zdrowie psychiczne. Przyjmowanie praktyk samopomocowych, utrzymywanie regularnej aktywności fizycznej, dbanie o zrównoważoną dietę, radzenie sobie ze stresem i świadomość swojego zdrowia psychicznego tworzą warunki do Twojego ciągłego rozwoju i dobrostanu.

Wdrażając te strategie profilaktyki recydywy, pacjent jest lepiej przygotowany do radzenia sobie z potencjalnymi trudnościami i utrzymania postępów osiągniętych podczas terapii. To sprzyja większej odporności i lepszej zdolności do zapobiegania nawrotom oraz utrzymywania trwałego zdrowia psychicznego.

Warto zauważyć, że zarządzanie nawrotami i profilaktyka to procesy ciągłe. Pacjenci mogą napotykać na wzloty i upadki podczas całej swojej podróży, a stawienie czoła wyzwaniom jest normalne. Terapia poznawczo-behawioralna dostarcza narzędzi i strategii niezbędnych do radzenia sobie z takimi sytuacjami i kontynuowania dążenia do optymalnego zdrowia psychicznego.

Konkretne zastosowania terapii poznawczo-behawioralnej

Terapia poznawczo-behawioralna (TCC) to wszechstronne podejście, które można stosować w leczeniu różnych problemów psychicznych. Oto kilka konkretnych zastosowań TCC:

8.1 Lęk i zaburzenia paniczne:

TCC jest skuteczna w leczeniu lęku i zaburzeń panicznych. Wykorzystuje techniki stopniowej ekspozycji, zapobiegania reakcji, restrukturyzacji poznawczej i nauki umiejętności radzenia sobie z lękiem, aby pomóc osobom przezwyciężyć swoje obawy i zmniejszyć nadmierny lęk.

Karta informacyjna: Konkretne zastosowania TCC w leczeniu lęku i zaburzeń panicznych

Terapia poznawczo-behawioralna (TCC) to skuteczne podejście do leczenia lęku i zaburzeń panicznych. Oto krok po kroku przewodnik dotyczący stosowania TCC w tych obszarach:

Krok 1: Ocena początkowa

- Przeprowadź dogłębna ocenę początkową, aby zrozumieć objawy, czynniki stresogenne i historię pacjenta. Wykorzystaj standaryzowane narzędzia oceny do oceny poziomu lęku i zaburzeń panicznych. **Na przykład:** Wykorzystaj kwestionariusze samoopinii, takie jak Kwestionariusz Lęku Becka (BAI) lub Skala Paniki i Agorafobii (EPQ), aby ocenić nasilenie objawów.

Krok 2: Edukacja psychologiczna

- Zapewnij pacjentowi edukację psychologiczną na temat lęku i zaburzeń panicznych. Wyjaśnij podstawowe mechanizmy, irracjonalne myśli i fizyczne reakcje związane z lękiem. **Na przykład:** Wyjaśnij, jak katastroficzne myśli mogą wywoływać ataki paniki, a intensywne odczucia fizyczne mogą wynikać z normalnych reakcji organizmu na lęk.

Krok 3: Identyfikacja automatycznych myśli

- Pomóż pacjentowi zidentyfikować i rozpoznać negatywne myśli automatyczne, które przyczyniają się do lęku i ataków paniki. Zachęć go do zapisywania tych myśli w dzienniku. **Na przykład:** Zachęć pacjenta do zapisywania negatywnych myśli, które pojawiają się podczas ataku paniki, takie jak "Zemdleję" lub "Stracę kontrolę".

Krok 4 : Ocena myśli automatycznych

- Oceniaj prawdziwość i rzeczywistość myśli automatycznych, korzystając z technik kwestionowania. Pomóż pacjentowi przeanalizować dowody za i przeciw tym negatywnym myślom. **Na przykład:** Poproś pacjenta o rozważenie dowodów za i przeciw jego myśli automatycznej, pytając "Jakie są dowody, że zemdleję?" lub "Jakie są dowody, że to się już wcześniej wydarzyło?".

Krok 5 : Przebudowa kognitywna

- Pomóż pacjentowi restrukturyzować jego negatywne myśli automatyczne, identyfikując bardziej realistyczne i pozytywne myśli. Trenuj go w zamienianiu negatywnych myśli na te bardziej realistyczne. **Na przykład:** Zachęć pacjenta do zastąpienia myśli "Zemdleję" myślami alternatywnymi, takimi jak "Mało prawdopodobne, że zemdleję, ponieważ nigdy wcześniej się to nie zdarzyło".

Krok 6 : Ekspozycja i zapobieganie reakcjom

- Wykorzystaj techniki ekspozycji, aby pomóc pacjentowi stopniowo stawiać czoło swoim lękom i sytuacjom wywołującym niepokój. Naucz go strategii radzenia sobie z fizycznymi objawami lęku. **Na przykład:** Stopniowo wystawiaj pacjenta na sytuacje wywołujące lęk, takie jak wizyty w miejscach publicznych, ucząc go jednocześnie technik relaksacji, kontroli oddechu i rozluźnienia mięśni w celu redukcji lęku.

Krok 7 : Nauka umiejętności radzenia sobie

- Naucz pacjenta umiejętności radzenia sobie, takie jak zarządzanie stresem, rozwiązywanie problemów i asertywna komunikacja, aby radzić sobie z sytuacjami stresującymi i zapobiegać nawrotom. **Na przykład:** Naucz pacjenta technik radzenia sobie ze stresem, takich jak planowanie dbałości o siebie i regularne praktykowanie relaksujących aktywności, aby pomóc mu radzić sobie z sytuacjami stresującymi, które mogą wywołać lęk.

<u>Krok 8 : Monitorowanie i ocena postępów</u>

* Przeprowadzaj regularne oceny, aby mierzyć postępy pacjenta w redukcji lęku i objawów paniki. Dostosuj plan leczenia, jeśli to konieczne, i zachęcaj pacjenta do utrzymania osiągnięć. **Na przykład:** Używaj regularnych kwestionariuszy oceny, takich jak Skala Lęku Hamiltona (HAM-A), aby ocenić zmiany w poziomach lęku i dostosować interwencje odpowiednio.

Śledząc te kroki, będziesz w stanie zastosować TCC w sposób specyficzny dla zaburzeń lękowych i paniki. Identyfikacja myśli automatycznych, restrukturyzacja poznawcza, stopniowe wystawianie i nauka umiejętności adaptacyjnych odgrywają kluczową rolę w zmniejszaniu objawów i poprawie samopoczucia pacjenta.

8.2. Depresja:

Terapia poznawczo-behawioralna (TCC) jest powszechnie stosowana w leczeniu depresji. Koncentruje się ona na restrukturyzacji poznawczej w celu identyfikacji i modyfikacji negatywnych schematów myślowych oraz na aktywacji behawioralnej, aby zachęcić do angażowania się w przyjemne i satysfakcjonujące aktywności. TCC pomaga jednostkom zdobywać umiejętności radzenia sobie z objawami depresji i rozwijania pozytywnych strategii adaptacyjnych.

Karta praktyczna: Konkretne zastosowania TCC w leczeniu depresji

Terapia poznawczo-behawioralna (TCC) jest skutecznym podejściem do leczenia depresji. Koncentruje się na modyfikacji negatywnych wzorców myślowych, promowaniu adaptacyjnych zachowań i wzmacnianiu zasobów pacjenta. Oto szczegółowy krok po kroku przewodnik po zastosowaniu TCC w leczeniu depresji:

Krok 1: Ocena początkowa

- Przeprowadź dogłębny wywiad początkowy z pacjentem dotyczący depresji. Zidentyfikuj konkretne objawy, historię osobistą i rodziną, czynniki stresowe i dostępne zasoby. **Na przykład:** Użyj kwestionariuszy samooceny, takich jak Inwentarz Depresji Becka (BDI), aby ocenić nasilenie objawów depresyjnych.

Krok 2: Formułowanie przypadku

- Przygotuj formułowanie przypadku, które identyfikuje czynniki przyczyniające się do depresji pacjenta, takie jak negatywne wzorce myślenia, wydarzenia wyzwalające i unikanie zachowań.

Przykład: Zidentyfikuj negatywne automatyczne wzorce myślenia, takie jak auto-deprecjacja i zniekształcenia poznawcze, które utrzymują depresję pacjenta.

Krok 3: Określenie celów terapeutycznych

- We współpracy z pacjentem, określ konkretne, mierzalne, osiągalne, istotne i czasowo ograniczone cele terapeutyczne (SMART). Cele powinny koncentrować się na redukcji objawów depresji, poprawie funkcjonowania i zapobieganiu nawrotom. **Na przykład:** SMART-owym celem terapeutycznym może być to, że pacjent zmniejszy objawy depresji o 50% zmierzalne przy użyciu Kwestionariusza Depresji Becka (BDI) w ciągu 3 miesięcy.

Krok 4: Techniki poznawcze

- Naucz pacjenta technik poznawczych, aby identyfikował, oceniał i restrukturyzował negatywne myśli. Pomóż mu kwestionować myśli wykrzywione i rozwijać bardziej realistyczne i pozytywne myśli. **Na przykład:** Wykorzystaj ćwiczenie "kolumna myśli", aby pomóc pacjentowi zidentyfikować i restrukturyzować automatyczne myśli negatywne.

Krok 5: Techniki behawioralne

- Wprowadź techniki behawioralne w celu zwiększenia aktywności i zaangażowania w przyjemne działania. Zachęcaj pacjenta do identyfikowania i przełamywania cykli bezczynności i izolacji społecznej. **Na przykład:** Wykorzystaj aktywację behawioralną, aby pomóc pacjentowi w planowaniu i zaangażowaniu się w przyjemne działania, nawet jeśli nie odczuwa natychmiastowej przyjemności.

Krok 6: Szkolenie w rozwiązywaniu problemów

- Naucz pacjenta umiejętności rozwiązywania problemów, które pomogą mu radzić sobie z codziennymi wyzwaniami i znaleźć alternatywne rozwiązania. Zachęcaj do eksploracji różnych opcji i oceny potencjalnych konsekwencji. **Na przykład:** Przeprowadź pacjenta przez strukturalny proces rozwiązywania problemów, pomagając mu zidentyfikować problemy, generować rozwiązania i wybierać najlepszą opcję.

Krok 7: Śledzenie i ocena postępów

- Regularnie przeprowadzaj oceny, aby ocenić postępy pacjenta w odniesieniu do celów terapeutycznych. W razie potrzeby dostosuj interwencje i zachęcaj pacjenta do utrzymania osiągnięć i praktykowania zdobytych umiejętności. **Na przykład:** Regularnie stosuj kwestionariusze do oceny symptomów depresji pacjenta i monitoruj zmiany w czasie.

Terapia poznawczo-behawioralna (TCC) w leczeniu depresji łączy techniki poznawcze, behawioralne i trening umiejętności, aby pomóc pacjentom zmienić negatywne wzorce myślowe, zwiększyć zaangażowanie w pozytywne działania i rozwijać umiejętności rozwiązywania problemów. Przyjmując to podejście krok po kroku, terapeuci mogą skutecznie prowadzić swoich pacjentów ku zmniejszeniu objawów depresji i poprawie samopoczucia emocjonalnego.

8.3 Zaburzenia odżywiania :

TCC jest często stosowana w leczeniu zaburzeń odżywiania, takich jak anoreksja, bulimia i zaburzenie napadowego objadania się. Skupia się na restrukturyzacji poznawczej myśli związanych z dysfunkcjonalnym obrazem ciała, jedzeniem i regulacją emocji. TCC pomaga także w opracowywaniu strategii behawioralnych w celu regulacji zachowań żywieniowych.

Terapia poznawczo-behawioralna (TCC) oferuje skuteczne podejścia w leczeniu zaburzeń odżywiania, takich jak anoreksja, bulimia i zaburzenie kompulsywnego jedzenia. Oto szczegółowy krok po kroku przewodnik dotyczący zastosowania TCC w zaburzeniach odżywiania:

Krok 1: Ocena początkowa

- Przeprowadź dogłębna ocenę początkową pacjenta, zbierając informacje dotyczące jego historii, nawyków żywieniowych, emocji związanych z jedzeniem i samooceny. Użyj narzędzi oceny specyficznych dla zaburzeń odżywiania. **Na przykład:** Przeprowadź wywiady kliniczne w celu oceny zachowań restrykcyjnych, epizodów objadania się, przekonań związanych z wagą i wyglądem oraz emocjonalnych czynników wyzwalających.

Krok 2: Formułowanie przypadku

- Stwórz formulację przypadku, która integruje zebrane informacje podczas początkowej oceny. Zidentyfikuj czynniki utrzymujące zaburzenia odżywiania, takie jak nierealistyczne przekonania o wadze i wyglądzie, zaburzone schematy myślenia oraz zachowania restrykcji lub kompensacji. **Na przykład:** Zidentyfikuj, w jaki sposób perfekcjonistyczne przekonania i zachowania restrykcyjne przyczyniły się do anoreksji pacjenta, utrzymując cykl nadmiernej utraty wagi i rygorystycznego kontroli jedzenia.

Krok 3: Ustalanie celów terapeutycznych

- Określ konkretne cele terapeutyczne we współpracy z pacjentem, skupiając się na problematycznych zachowaniach żywieniowych, regulacji emocjonalnej i poprawie samooceny. Cele powinny być osiągalne i mierzalne. **Na przykład:** Terapeutyczny cel może polegać na osiągnięciu przez pacjenta zdrowej wagi poprzez przyjęcie zrównoważonych nawyków żywieniowych i zmianę negatywnych myśli związanych z wyglądem fizycznym.

Krok 4: Planowanie interwencji

- Opracuj szczegółowy plan interwencji, wykorzystując techniki i strategie specyficzne dla TCC w przypadku zaburzeń żywieniowych. Zidentyfikuj interwencje takie jak psychoedukacja, restrykcja poznawcza, zarządzanie emocjami, planowanie posiłków i stopniowe wystawianie na działanie temu, czego pacjenci się obawiają. **Na przykład:** Planuj sesje terapii skupionej na identyfikacji myśli związanych z jedzeniem, restrykcji poznawczej w celu zmiany nierealistycznych przekonań i stopniowej ekspozycji na obawiane pokarmy w celu zmniejszenia unikania zachowań.

Krok 5: Wdrożenie terapii

- Wprowadź plan leczenia, współpracując aktywnie z pacjentem. Wykorzystaj techniki terapii poznawczo-behawioralnej (TCC), aby pomóc pacjentowi rozwijać umiejętności związane z intuicyjnym jedzeniem, radzić sobie z trudnymi emocjami i poprawić swoją samoocenę. **Na przykład:** Podczas sesji terapeutycznych przeprowadzaj pacjenta przez ćwiczenia restrukturyzacji poznawczej, aby zidentyfikować zaburzenia poznawcze związane z jedzeniem i obrazem ciała, oraz stosuj techniki stopniowej ekspozycji, aby zmniejszyć unikanie jedzenia.

Krok 6: Śledzenie i ocena postępów

- Regularnie przeprowadzaj oceny postępów pacjenta w stosunku do celów terapeutycznych. W razie potrzeby dostosuj interwencje i zachęcaj pacjenta do utrzymania osiągniętych wyników oraz kontynuowania pracy nad trudnościami. **Na przykład:** Regularnie wykorzystuj kwestionariusze samooceny do oceny zachowań żywieniowych, emocji związanych z jedzeniem i samooceny pacjenta, i dostosowuj interwencje odpowiednio.

Śledząc te kroki, będziesz w stanie skutecznie wprowadzić TCC w leczeniu zaburzeń żywieniowych. Ocena początkowa, opracowanie przypadku, ustalenie celów terapeutycznych, planowanie interwencji, wdrożenie leczenia i monitorowanie postępów pozwolą Ci skoncentrować się i działać systematycznie, aby pomóc pacjentowi rozwijać zdrowe nawyki żywieniowe, poprawić jego samoocenę i przezwyciężyć trudności związane z zaburzeniami żywieniowymi.

8.4 Obsesyjno-kompulsywne zaburzenia (TOC):

Terapia poznawczo-behawioralna (TCC) jest uważana za jedno z najskuteczniejszych podejść do leczenia TOC. Wykorzystuje techniki ekspozycji z zapobieganiem reakcji, aby pomóc osobom skonfrontować się z obsesyjnymi myślami i zmniejszyć zachowania kompulsywne. TCC pomaga zmieniać schematy myślowe związane z obsesjami i rozwijać strategie radzenia sobie z objawami TOC.

Praktyczny arkusz informacyjny: Konkretne zastosowania TCC w leczeniu obsesyjno-kompulsywnych zaburzeń (TOC)

Zaburzenia obsesyjno-kompulsyjne (TOC) to zaburzenia lękowe charakteryzujące się obecnością nawracających obsesji i powtarzających się kompulsji. Terapia poznawczo-behawioralna (TCC) jest powszechnie uznawana za skuteczne podejście w leczeniu TOC. Oto krok po kroku przewodnik dotyczący zastosowania TCC w leczeniu TOC:

Krok 1: Ocena początkowa

- Przeprowadź kompleksową ocenę objawów TOC, włącznie z obsesjami, kompulsjami, czynnikami wyzwalającymi i funkcjonalnym wpływem na codzienne życie pacjenta. Wykorzystaj standaryzowane narzędzia oceny do oceny nasilenia objawów. **Na przykład:** Użyj Skali Oceny Lęku i Depresji (HADS), aby zmierzyć nasilenie lęku i depresji u pacjenta z TOC.

Krok 2: Edukacja psychologiczna

- Udzielaj pacjentowi informacji edukacyjnych na temat TOC, jego przyczyn, mechanizmów i dostępnych opcji leczenia. Pomóż pacjentowi zrozumieć, że TOC to zaburzenie lękowe, a obsesje są niepożądanymi myślami, które nie odzwierciedlają rzeczywistości. **Na przykład:** Wyjaśnij pacjentowi, że obsesje to niechciane myśli, a kompulsje to powtarzające się zachowania mające na celu zmniejszenie lęku, ale mogą być długoterminowo nieskuteczne.

Krok 3: Hierarchia ekspozycji

- Pomóż pacjentowi ustalić hierarchię stopniowych ekspozycji, rozpoczynając od sytuacji wywołujących umiarkowany lęk i postępując do najbardziej obawianych sytuacji. Zidentyfikuj konkretne obsesyjne myśli i związane z nimi kompulsje w każdej sytuacji. **Na przykład:** Dla pacjenta mającego obsesję związaną z zanieczyszczeniem, hierarchia może rozpocząć się od dotykania lekko zabrudzonych przedmiotów i postępować do bardziej lękliwych sytuacji, takich jak dotykanie potencjalnie zanieczyszczonych przedmiotów.

Krok 4: Ekspozycja i zapobieganie reakcjom

- Przeprowadzaj sesje ekspozycji, stopniowo i kontrolowanie wystawiając pacjenta na sytuacje z hierarchii ekspozycji, które go niepokoją. Zachęcaj pacjenta do powstrzymania się od wykonywania kompulsji, stosując strategie zapobiegania reakcjom. **Na przykład:** W przypadku pacjenta z obsesją związaną z zanieczyszczeniem, wystaw go na lekko zabrudzone przedmioty i zachęcaj do wytrzymania pokusy natychmiastowego umycia rąk.

Krok 5: Przekształcanie myśli

- Pracuj z pacjentem nad zidentyfikowaniem i zakwestionowaniem nierealistycznych obsesyjnych myśli i szkodliwych przekonań związanych z TOC. Naucz technik przekształcania myśli, aby pomóc pacjentowi zmienić disfunkcyjne schematy myślowe. **Na przykład:** Pomóż pacjentowi zidentyfikować automatyczne myśli, takie jak *"Jeśli nie umyję rąk, to zachoruję"* i zastąpić je bardziej realistycznymi myślami, takimi jak *"Jest mało prawdopodobne, że zachoruję dotykając tego przedmiotu"*.

Krok 6: Utrzymanie i zapobieganie nawrotom

- Upewnij się, że pacjent posiada strategie utrzymania zdobytych korzyści i zapobiegania nawrotom. Zachęcaj do regularnego praktykowania technik, które zostały nauczone podczas terapii, oraz ofertę dodatkowych źródeł wsparcia, jeśli to konieczne. **Na przykład:** Zaleć pacjentowi regularne wystawianie się na sytuacje wywołujące lęk, korzystanie z strategii samo-pomocy, takich jak relaksacja, i zaangażowanie bliskich w ciągłe wsparcie.

Korzystając z tych kroków w zastosowaniu TCC w leczeniu TOC, będziesz w stanie pomóc pacjentowi stawić czoła swoim obsesjom i zmniejszyć jego zachowania kompulsywne. Połączenie stopniowych ekspozycji, zapobiegania reakcjom oraz restrukturyzacji poznawczej jest kluczowe dla pomocy pacjentowi w przezwyciężeniu objawów TOC i poprawy jakości życia.

8.5 Zaburzenia osobowości:

TCC może być stosowana w leczeniu zaburzeń osobowości, takich jak borderline, unikanie czy zależność. Skupia się ona na modyfikacji myśli i zachowań nieadaptacyjnych, a także rozwijaniu zdrowszych i bardziej funkcjonalnych umiejętności adaptacyjnych.

Praktyczny arkusz : Konkretne zastosowania TCC w zaburzeniach osobowości

Terapia poznawczo-behawioralna (TCC) może być skutecznym narzędziem w leczeniu zaburzeń osobowości. Oto szczegółowy krok po kroku przewodnik dotyczący zastosowania TCC w zaburzeniach osobowości:

Krok 1 : Ocena początkowa

- Przeprowadź kompleksową ocenę początkową pacjenta, zbierając informacje dotyczące jego historii osobistej, objawów, schematów myślowych i zachowań problematycznych związanych z zaburzeniem osobowości. **Na przykład:** Zidentyfikuj sztywne schematy myślowe, impulsywne zachowania lub konkretne trudności interpersonalne związane z zaburzeniem osobowości pacjenta.

Krok 2 : Formułowanie przypadku

- Stwórz formułowanie przypadku, które integruje zebrane informacje podczas oceny początkowej. Zidentyfikuj czynniki utrzymujące objawy pacjenta, takie jak ograniczające przekonania, dysfunkcyjne nawyki behawioralne lub wydarzenia wyzwalające. **Na przykład:** Zidentyfikuj, w jaki sposób negatywne schematy myślowe związane z odrzuceniem wpłynęły na unikanie zachowań i trudności interpersonalne pacjenta.

Krok 3 : Ustalanie celów terapeutycznych

- Ustal konkretne, mierzalne cele terapeutyczne we współpracy z pacjentem. Cele powinny skupiać się na zmianach w myśleniu, zachowaniach i dysfunkcyjnych schematach związanych z zaburzeniem osobowości. **Na przykład:** Terapeutycznym celem może być rozwijanie umiejętności asertywności przez pacjenta w celu poprawy relacji interpersonalnych i zmniejszenia poczucia własnej niższości.

Krok 4 : Planowanie interwencji

- Opracuj szczegółowy plan interwencji, wykorzystując techniki i strategie TCC odpowiednie dla zaburzeń osobowości. Zidentyfikuj konkretne interwencje do wdrożenia w celu osiągnięcia celów terapeutycznych. **Na przykład:** Zaplanuj sesje terapii skupione na technikach takich jak restrukturowanie poznawcze, trening umiejętności regulacji emocji, terapia uważności i stopniowa ekspozycja, aby leczyć dysfunkcyjne wzorce myślenia pacjenta.

Krok 5 : Wdrożenie leczenia

- Wprowadź plan leczenia, współpracując z pacjentem. Wykorzystaj techniki TCC, aby pomóc pacjentowi rozwijać umiejętności regulacji emocji, zmieniać ograniczające schematy myślowe i przyjmować bardziej adaptacyjne zachowania. **Na przykład:** Podczas sesji terapeutycznych prowadź pacjenta przez ćwiczenia restrukturyzacji poznawczej, aby zakwestionować negatywne automatyczne myśli związane z jego zaburzeniem osobowości.

Krok 6 : Monitorowanie i ocena postępów

- Regularnie przeprowadzaj oceny, aby ocenić postępy pacjenta w stosunku do celów terapeutycznych. W razie potrzeby dostosuj interwencje i zachęcaj pacjenta do utrzymania osiągniętych wyników oraz kontynuowania pracy nad konkretnymi trudnościami związanymi z zaburzeniem osobowości. **Na przykład:** Używaj skal oceny objawów i kwestionariuszy monitorujących, aby ocenić zmiany w schematach myślowych, zachowaniach i objawach związanymi z zaburzeniem osobowości.

Przestrzegając tych kroków, będziesz w stanie zaplanować leczenie zaburzeń osobowości w sposób systematyczny i określić odpowiednie cele terapeutyczne w ramach terapii poznawczo-behawioralnej. Solidna formułacja przypadku i szczegółowy plan interwencji będą cię prowadzić podczas stosowania specyficznych technik TCC dostosowanych do zaburzeń osobowości pacjenta.

8.6 Zaburzenia snu:

Terapia poznawczo-behawioralna (TCC) jest skuteczna w leczeniu zaburzeń snu, takich jak bezsenność. Wykorzystuje techniki ograniczania snu, relaksacji i restrukturyzacji poznawczej w celu poprawy jakości i długości snu.

Karta praktyczna: Konkretne zastosowania TCC w zaburzeniach snu

Terapia poznawczo-behawioralna (TCC) oferuje skuteczne podejścia do leczenia zaburzeń snu, takich jak bezsenność i obturacyjny bezdech senny. Oto szczegółowy przewodnik krok po kroku dotyczący zastosowania TCC w leczeniu zaburzeń snu:

Krok 1: Ocena początkowa

- Przeprowadź kompleksową ocenę zaburzenia snu, zbierając informacje na temat wzorców snu, nawyków snu, czynników stresu, emocji i zachowań związanych ze snem. W razie potrzeby użyj standaryzowanych narzędzi oceny. **Na przykład:** Przeprowadzaj dogłębne wywiady kliniczne i stosuj kwestionariusze samooceny, aby ocenić jakość snu, nawyki snu i związane z nimi problemy, takie jak lęki czy depresja.

Krok 2: Formułowanie przypadku

- Opracuj formulację przypadku, która identyfikuje czynniki podtrzymujące zaburzenia snu, takie jak lęki związane ze snem, nieregularne nawyki snu czy zakłócające czynniki środowiskowe. **Na przykład:** Zidentyfikuj, jak troski związane ze snem i nieregularne nawyki snu przyczyniają się do bezsenności pacjenta, wywołując błędne koło lęku i złej jakości snu.

Krok 3: Ustalanie celów terapeutycznych

- Ustal konkretnie mierzalne cele terapeutyczne we współpracy z pacjentem. Cele mogą obejmować poprawę jakości snu, zmniejszenie objawów bezsenności i przyjęcie zdrowych nawyków snu. **Na przykład:** Terapeutyczny cel może polegać na osiągnięciu przez pacjenta ciągłego snu przez sześć godzin na noc i odczuwaniu w ciągu dnia wypoczynku i energii.

Krok 4: Techniki TCC w leczeniu zaburzeń snu

- Wykorzystaj konkretne techniki TCC do leczenia zaburzeń snu, takie jak ograniczenie snu, higiena snu i relaksacja.

Przykład:

- ✓ Ograniczenie snu: Ustal regularny harmonogram snu, ograniczając czas spędzany w łóżku tylko do celów snu i unikając nadmiernego drzemania.
- ✓ Higiena snu: Przyjmuj zdrowe nawyki przed snem, takie jak stworzenie odpowiedniego środowiska do spania, unikanie stymulantów i ekranów przed snem oraz promowanie relaksu.
- ✓ Techniki relaksacji: Naucz się technik relaksacyjnych, takich jak głębokie oddychanie, medytacja czy relaksacja mięśni, aby zmniejszyć uczucie lęku i sprzyjać spokojnemu snu.

Krok 5: Wdrożenie leczenia

- Wdroż plan leczenia, współpracując aktywnie z pacjentem. Zachęcaj do stosowania wyuczonych technik, prowadzenia dziennika snu oraz monitorowania postępów. **Na przykład:** Zachęcaj pacjenta do prowadzenia dziennika snu w celu śledzenia nawyków snu, poziomu zmęczenia i czynników wpływających na jakość snu. Wykorzystaj te informacje do dostosowywania działań terapeutycznych i mierzenia postępów.

Krok 6: Monitorowanie i ocena postępów

- Regularnie przeprowadzaj oceny, aby ocenić postępy pacjenta w odniesieniu do celów terapeutycznych. W razie potrzeby dostosuj interwencje i zachęcaj pacjenta do długotrwałego utrzymania zdrowych nawyków snu.

Przykład: Regularnie monitoruj zmiany w jakości snu pacjenta, wprowadzanie nowych nawyków snu i redukcję objawów bezsenności. Dostosuj techniki w oparciu o uzyskane wyniki.

Przez podążanie tymi krokami TCC może pomóc osobom cierpiącym na zaburzenia snu poprawić jakość snu, zmniejszyć objawy bezsenności i przyjąć zdrowe nawyki snu. Dokładna początkowa ocena, precyzyjna koncepcja przypadku i stosowanie konkretnych technik TCC pozwalają opracować spersonalizowany i skuteczny plan leczenia zaburzeń snu.

8.7 Zarządzanie stresem :

TCC jest używana do pomocy osobom w skutecznym zarządzaniu stresem. Uczy technik relaksacyjnych, rozwiązywania problemów, restrukturyzacji poznawczej i zarządzania czasem, aby zmniejszyć reakcje stresowe i promować optymalne samopoczucie psychiczne.

Karta praktyczna: Konkretne zastosowania TCC w zarządzaniu stresem

Terapia poznawczo-behawioralna (TCC) oferuje skuteczne narzędzia i strategie do zarządzania stresem. Oto szczegółowy, krok po kroku przewodnik po zastosowaniu TCC w zarządzaniu stresem:

Krok 1: Ocena poziomu stresu

- Rozpocznij od oceny swojego obecnego poziomu stresu. Zidentyfikuj sytuacje, myśli i emocje, które przyczyniają się do Twojego stresu. **Na przykład:** Zanotuj konkretne sytuacje, w których odczuwasz największy stres, takie jak napięte terminy w pracy lub konflikty interpersonalne.

Krok 2: Identyfikacja stresujących myśli

- Zidentyfikuj negatywne automatyczne myśli, które przyczyniają się do Twojego stresu. Zwróć uwagę na negatywne i irracjonalne wzorce myślenia. **Na przykład:** Zidentyfikuj myśli takie jak "Nie mogę poradzić sobie z tą sytuacją" lub "Wszystko pójdzie źle".

Krok 3: Korekcja myślenia

- Wykorzystaj technikę korekcji myślenia, aby zmienić myśli stresujące. Zastąp negatywne myśli bardziej realistycznymi i pozytywnymi myślami. **Na przykład:** Zamień myśl "Nie mogę poradzić sobie z tą sytuacją" na "Mogę znaleźć rozwiązania i efektywnie zarządzać tą sytuacją".

Krok 4: Zarządzanie emocjami

- Naucz się technik zarządzania emocjami, aby regulować stres emocjonalny. Praktykuj techniki relaksacji, takie jak głębokie oddychanie czy medytacja, aby uspokoić ciało i umysł. **Na przykład:** Znajdź kilka minut każdego dnia, aby się zrelaksować i wykonywać ćwiczenia głębokiego oddychania.

Krok 5: Zarządzanie zachowaniami związanymi ze stresem

- Zidentyfikuj zachowania problematyczne, które mogą nasilać twój stres, takie jak zwlekanie czy unikanie. Opracuj strategie zmiany tych zachowań i przyjmowania bardziej adaptacyjnych reakcji. **Na przykład:** Ustal plan działania w celu zarządzania stresującymi zadaniami, dzieląc je na mniejsze etapy i określając realistyczne terminy.

Krok 6: Zarządzanie czasem i aktywnościami

- Wykorzystaj techniki zarządzania czasem, aby lepiej zorganizować swoje działania i zmniejszyć źródła stresu związanego z zarządzaniem czasem. **Na przykład:** Używaj kalendarza lub harmonogramu do realistycznego planowania zadań i działań, pozostawiając wystarczająco czasu na przerwy i relaks.

Krok 7: Asertywna komunikacja

- Naucz się asertywnego sposobu komunikacji, aby jasno i szanująco wyrażać swoje potrzeby i ograniczenia, co pomaga zmniejszyć konflikty i stres interpersonalny. **Na przykład:** Praktykuj wyrażanie swoich potrzeb i ograniczeń w trudnych sytuacjach komunikacyjnych, używając asertywnych sformułowań i wyrażając swoje emocje w konstruktywny sposób.

Krok 8: Zapobieganie nawrotom

- Rozwijaj strategie zapobiegania długoterminowym nawrotom stresu. Identyfikuj potencjalne czynniki stresu i wdrażaj mechanizmy adaptacji, aby skutecznie się z nimi uporać. **Na przykład:** Rozpoznaj sytuacje lub wydarzenia, które mogą wywołać twój stres i opracuj plany działania w celu zapobieżenia im.

Podążając za tymi krokami, będziesz w stanie skutecznie stosować terapię behawioralną i poznawczą w zarządzaniu stresem. TCC oferuje konkretne narzędzia do modyfikowania stresujących myśli, regulowania emocji, przyjmowania adaptacyjnych zachowań i zapobiegania nawrotom. Nie krępuj się skonsultować z wykwalifikowanym terapeutą, który będzie cię prowadzić przez cały ten proces.

8.8 Uzależnienia i zależności:

Terapia poznawczo-behawioralna (TCC) jest stosowana w leczeniu uzależnień i zależności, takich jak uzależnienie od alkoholu, narkotyków lub hazardu. Skupia się na identyfikowaniu schematów myślowych i zachowań związanych z uzależnieniem, a także na wzmacnianiu umiejętności oporu i radzenia sobie z pragnieniami.

Karta informacyjna: Konkretne zastosowania TCC w leczeniu uzależnień i zależności

Terapia poznawczo-behawioralna (TCC) to powszechnie stosowane podejście kliniczne w leczeniu uzależnień i zależności. Koncentruje się na identyfikacji dysfunkcyjnych schematów myślowych i zachowań z nimi związanych, a także na opracowywaniu strategii ich modyfikacji i promowaniu trwałej remisji. Oto krok po kroku przewodnik po stosowaniu TCC w leczeniu uzależnień:

Krok 1 : Ocena wstępna

- Przeprowadź kompleksową ocenę uzależnienia i jego skutków fizycznych, psychicznych i społecznych. Pozyskaj informacje na temat historii spożycia, czynników stresu, wyzwalaczy i negatywnych konsekwencji związanych z uzależnieniem.

Krok 2 : Edukacja i świadomość

- Zapewnij edukacyjne informacje na temat uzależnienia i jego mechanizmów, aby pomóc pacjentowi zrozumieć biologiczne, psychologiczne i społeczne aspekty jego zależności. Pomóż mu zdać sobie sprawę z myśli, emocji i zachowań związanych z jego uzależnieniem.

Krok 3 : Identyfikacja wyzwalaczy i schematów myślowych

- Pomóż pacjentowi zidentyfikować wewnętrzne i zewnętrzne czynniki wyzwalające, które przyczyniają się do jego uzależnienia. Pracuj nad rozpoznawaniem dysfunkcyjnych wzorców myślowych związanych z uzależnieniem, takich jak myśli usprawiedliwiania, minimalizacji lub zaprzeczania.

Krok 4 : Przebudowa poznawcza

- Wykorzystaj techniki restrukturyzacji poznawczej, aby pomóc pacjentowi zakwestionować i zmienić negatywne i dysfunkcjonalne schematy myślowe. Zachęcaj do eksploracji ukrytych przekonań i poszukiwania przeczących dowodów, aby wesprzeć bardziej pozytywne i realistyczne myśli.

Krok 5 : Zarządzanie pragnieniami i zachowaniami konsumpcyjnymi

- Naucz się technik radzenia sobie z pragnieniami i zachowaniami konsumpcyjnymi, aby pomóc pacjentowi stawić czoła sytuacjom o wysokim ryzyku i oprzeć się pokusom konsumpcji. Wykorzystaj techniki takie jak zapobieganie nawrotom, samoobserwacja i korzystanie z zdrowych strategii adaptacji.

Krok 6 : Rozwój alternatywnych umiejętności życiowych

- Pomóż pacjentowi rozwijać alternatywne i zdrowe umiejętności życiowe, które zastąpią zachowania konsumpcyjne. Zidentyfikuj pozytywne aktywności, strategie radzenia sobie ze stresem i techniki rozwiązywania problemów, aby promować zrównoważony i satysfakcjonujący tryb życia.

Krok 7 : Wsparcie społeczne i sieci wsparcia

- Zachęć pacjenta do zaangażowania się w sieci wsparcia, takie jak grupy wsparcia rówieśniczego lub programy rehabilitacji, aby wzmocnić wsparcie społeczne i wzajemną pomoc. Promuj efektywną komunikację i zachęcaj do aktywnego uczestnictwa w tych sieciach.

Krok 8 : Monitorowanie i zapobieganie nawrotom

- Planuj regularne sesje monitorowania, aby oceniać postępy pacjenta, wzmacniać nabyte umiejętności i zapobiegać nawrotom. Wykorzystaj techniki zapobiegania nawrotom, takie jak rozpoznawanie oznak nawrotu, planowanie działań i rozwijanie strategii radzenia sobie w sytuacjach wysokiego ryzyka.

Krok 9: Długoterminowa opieka wsparcia

- Wspieraj dostęp do długoterminowej opieki wsparcia, aby pomóc pacjentowi utrzymać postępy i radzić sobie z wyzwaniami po zakończeniu leczenia. Zachęcaj do uczestnictwa w terapii kontynuacyjnej, grupach wsparcia i innych odpowiednich społecznych zasobach.

Przy stosowaniu tych kroków terapii poznawczo-behawioralnej (TCC) w leczeniu uzależnienia i nałogu można pomóc pacjentowi zrozumieć i zmodyfikować schematy myśli i zachowań związane z jego uzależnieniem, rozwijać umiejętności radzenia sobie z pragnieniami i zachowaniami konsumpcyjnymi, wzmacniać wsparcie społeczne oraz zapobiegać nawrotom. TCC oferuje strukturalne i efektywne podejście wspierające remisję i promujące trzeźwe i zrównoważone życie.

8.9 Problemy z zarządzaniem czasem :

TCC może być wykorzystywana do pomocy osobom w poprawie zarządzania czasem i rozwijaniu strategii planowania, priorytetyzacji zadań oraz kontrolowania rozproszeń. Może być przydatna dla osób mających trudności z organizacją swojego czasu i osiąganiem celów.

Terapia behawioralna i poznawcza (TCC) może być skutecznie stosowana do rozwiązywania problemów z zarządzaniem czasem. Oto szczegółowy przewodnik krok po kroku, jak wykorzystać TCC w zarządzaniu czasem:

Krok 1: Ocena początkowa

- Przeprowadź dogłębna ocenę początkową, aby zrozumieć konkretne trudności z zarządzaniem czasem pacjenta. Zidentyfikuj problematyczne zachowania, ograniczające przekonania i przeszkody, które utrudniają efektywne wykorzystanie czasu.

Przykład: Sprawdź, czy pacjent ma trudności z określaniem priorytetów, radzeniem sobie z rozproszeniem uwagi lub organizacją swojego czasu.

Krok 2: Określenie celów terapeutycznych

- Określ klarowne i konkretne cele terapeutyczne we współpracy z pacjentem. Cele powinny być dostosowane do zidentyfikowanych problemów z zarządzaniem czasem i skupiać się na poprawie umiejętności zarządzania czasem.

Przykład: Terapeutycznym celem może być to, aby pacjent potrafił stworzyć strukturalny i realistyczny plan dnia w celu skutecznego zarządzania swoimi obowiązkami i działaniami.

Krok 3: Identyfikacja ograniczających przekonań i myśli

- Pomóż pacjentowi zidentyfikować myśli i przekonania, które ograniczają skuteczne zarządzanie czasem. Zbadaj przekonania takie jak prokrastynacja, perfekcjonizm czy trudność w odmawianiu.

Przykład: Zidentyfikuj, czy pacjent ma tendencję do myślenia "Nie mogę zacząć, dopóki nie jestem pewien(a), że zrobię to doskonale" lub "Nie chcę zawieść innych, odmawiając ich prośbom".

Krok 4: Kognitywna restrukturyzacja

- Pracuj z pacjentem nad przebudowaniem myśli i przekonań ograniczających związanych z zarządzaniem czasem. Pomóż mu przyjąć bardziej adaptacyjne i realistyczne myśli, które sprzyjają bardziej efektywnemu zarządzaniu czasem.

Przykład: Zamień przekonanie "Muszę robić wszystko doskonale" na "Mogę dać z siebie jak najlepiej w dostępnym czasie i to będzie wystarczające".

Krok 5: Rozwój umiejętności zarządzania czasem

- Naucz pacjenta praktycznych umiejętności zarządzania czasem w celu poprawy jego efektywności. Może to obejmować planowanie, priorytetyzację zadań, zarządzanie przerwami, delegowanie, radzenie sobie ze stresem i korzystanie z narzędzi takich jak listy zadań i kalendarze.

Przykład: Naucz pacjenta technik planowania, takich jak tworzenie codziennych list zadań i rozkładanie zadań w zależności od ich ważności i pilności.

Krok 6: Stopniowa ekspozycja i wzmocnienie

- Wykorzystaj techniki stopniowej ekspozycji, aby pomóc pacjentowi stopniowo eksponować się na sytuacje, które mogą być trudne pod względem zarządzania czasem. Wzmocnij pozytywne zachowania związane z efektywnym zarządzaniem czasem.

Przykład: Zachęć pacjenta do podjęcia trudnego zadania, oferując mu pozytywne wzmocnienia, takie jak przyjemne przerwy lub nagrody po ukończeniu zadania.

Krok 7: Monitorowanie i ocena postępów

- Przykład: Wykorzystaj narzędzia do samooceny, takie jak dzienniki śledzenia czasu lub skale oceny zarządzania czasem, aby ocenić postępy pacjenta.

Przestrzegając tych kroków, będziesz w stanie strukturalnie wykorzystać TCC, aby pomóc osobom poprawić zarządzanie czasem. Połączenie głębokiej oceny, identyfikacji ograniczających myśli, restrukturyzacji poznawczej, rozwijania praktycznych umiejętności i stopniowego wdrażania pozwoli pacjentowi lepiej zarządzać swoim czasem i skuteczniej osiągać swoje cele.

8.10 Fobie specyficzne:

Terapia poznawczo-behawioralna (TCC) jest skuteczna w leczeniu konkretnych fobii, takich jak lęk przed wysokością, zwierzętami lub zamkniętymi przestrzeniami. Wykorzystuje techniki stopniowej ekspozycji, aby pomóc osobom stopniowo stawiać czoła swoim lękom i zmniejszać związaną z nimi niepewność.

Praktyczny arkusz : Konkretne zastosowania TCC w przypadku konkretnych fobii

Konkretne fobie to intensywne i irracjonalne lęki związane z określonymi przedmiotami, sytuacjami lub czynnościami. Terapia poznawczo-behawioralna (TCC) oferuje skuteczne techniki leczenia konkretnych fobii. Oto krok po kroku przewodnik po zastosowaniu TCC w leczeniu konkretnych fobii:

Krok 1: Pierwsza ocena

- Przeprowadź szczegółową pierwszą ocenę konkretnej fobii pacjenta, gromadząc informacje na temat natury fobii, sytuacji wyzwalających i wpływu fobii na codzienne życie pacjenta.

Przykład: Zidentyfikuj konkretną fobię pacjenta, taką jak fobia pająków, opisując sytuacje, w których strach jest wyzwalany, oraz skutki fobii dla życia pacjenta.

Krok 2: Edukacja na temat fobii

- Udziel pacjentowi informacji edukacyjnych na temat konkretnej fobii, wyjaśniając mechanizmy strachu, reakcje fizjologiczne i irracjonalne myśli związane z fobią.

Przykład: Wyjaśnij pacjentowi, że intensywny strach przed pająkami jest naturalną reakcją, ale może być przesadzony i irracjonalny w przypadku konkretnej fobii.

<u>**Krok 3: Restrukturyzacja poznawcza**</u>

- Pomóż pacjentowi zidentyfikować i poddać w wątpliwość irracjonalne myśli związane z konkretną fobią. Naucz technik restrukturyzacji poznawczej, aby zastąpić negatywne myśli bardziej realistycznymi i pozytywnymi.

Przykład: Zachęć pacjenta do identyfikowania negatywnych myśli, takich jak "Wszystkie pająki są niebezpieczne", i zastąpienia ich bardziej realistycznymi myślami, takimi jak "Większość pająków jest nieszkodliwa i nie zrobi mi krzywdy".

<u>**Krok 4: Techniki stopniowej ekspozycji**</u>

- Wykorzystaj techniki stopniowej ekspozycji, aby pomóc pacjentowi stopniowo stawiać czoła konkretnej fobii. Opracuj hierarchię sytuacji związanych z fobią, począwszy od najmniej stresujących do najbardziej stresujących, i prowadź pacjenta do stopniowej ekspozycji na te sytuacje.

Przykład: Jeśli pacjent ma fobię pająków, rozpocznij od ekspozycji na obrazy pająków, a następnie przechodź do filmów, a w końcu zachęcaj do rzeczywistych spotkań z pająkami pod kontrolowanym nadzorem.

<u>**Krok 5: Techniki relaksacji**</u>

- Naucz pacjenta technik relaksacyjnych, takich jak głębokie oddychanie, progresywna relaksacja mięśniowa lub medytacja, aby pomóc w redukcji towarzyszącego fobii specyficznego lęku.

Przykład: Przeprowadź pacjenta przez ćwiczenia głębokiego oddychania podczas ekspozycji na sytuacje związane z fobią, aby wspomóc relaksację i zmniejszyć reakcje lękowe.

<u>**Krok 6 : Wzmocnienie pozytywne i utrzymanie**</u>

- Zachęć pacjenta do regularnego praktykowania nauczonych technik i do rozpoznawania osiągniętych postępów. Wykorzystaj wzmocnienie pozytywne, aby nagradzać wysiłki i utrzymywać osiągnięte korzyści.

Przykład : Gratuluj pacjentowi za każdy udany etap ekspozycji i zachęcaj go do kontynuowania ekspozycji na sytuacje związane z fobią specyficzną, aby utrzymać osiągnięte postępy.

Przestrzegając tych kroków, będziesz w stanie skutecznie zastosować TCC w leczeniu konkretnych fobii. Identyfikacja irracjonalnych myśli, wykorzystanie technik stopniowej ekspozycji i nauka strategii relaksu są kluczowymi elementami pomagającymi pacjentom pokonać swoje konkretne fobie i odzyskać poprawę jakości życia.

Te konkretne zastosowania terapii behawioralno-poznawczej ilustrują jej wszechstronność i zdolność do adaptacji w celu leczenia różnych problemów psychologicznych. TCC oferuje konkretne techniki i strategie pomagające jednostkom pokonywać trudności i poprawiać swoje samopoczucie psychiczne i emocjonalne

Podsumowanie

Podsumowując, terapia behawioralna i poznawcza to potężne i skuteczne podejście do leczenia problemów psychologicznych. Oparta jest na założeniu, że nasze myśli, emocje i zachowania są ze sobą powiązane, i że modyfikując te aspekty, możemy poprawić nasze samopoczucie psychiczne i emocjonalne. Ta książka zgłębiła podstawowe zasady terapii behawioralnej i poznawczej, dostarczając kompleksowego i praktycznego zrozumienia tego podejścia. Zbadaliśmy podstawy terapii behawioralnej i poznawczej, w tym model poznawczy, model behawioralny i podejście zintegrowane.

Zbadaliśmy także konkretne techniki poznawcze i behawioralne stosowane w TCC, takie jak identyfikacja myśli automatycznych, restrukturyzacja poznawcza, ekspozycja i zapobieganie reakcji, aktywacja behawioralna, techniki relaksacyjne, trening umiejętności społecznych i wiele innych.

Ponadto omówiliśmy konkretne zastosowania TCC, w tym leczenie zaburzeń lękowych, depresji, zaburzeń odżywiania, zaburzeń obsesyjno-kompulsyjnych, zaburzeń osobowości, zaburzeń snu, zarządzanie stresem, uzależnień, problemów z zarządzaniem czasem i konkretnych fobii.

Wreszcie, zgłębiliśmy planowanie terapii i ustalanie celów terapeutycznych, a także zarządzanie nawrotami i ich zapobieganie. Te elementy są kluczowe dla kierowania procesem terapeutycznym, pomiaru postępów i utrzymania osiągniętych wyników.

Terapia behawioralna i poznawcza oferuje konkretne i praktyczne narzędzia, które pomagają osobom zrozumieć i zmienić swoje schematy myślowe, emocje i zachowania, co prowadzi do ogólnego poprawy samopoczucia psychicznego i emocjonalnego. Niezależnie od tego, czy jesteś początkującym w dziedzinie TCC, czy chcesz poszerzyć swoją wiedzę, ta książka dostarczyła ci solidnej podstawy do dalszego zgłębiania tego podejścia i stosowania go w codziennym życiu.

Czy to w celu pokonania lęku, depresji, zaburzeń odżywiania czy innych trudności, terapia behawioralna i poznawcza może dostarczyć ci narzędzi i zasobów potrzebnych do pełnego rozwoju.